学習者端末　活用事例付

国語教科書のわかる教え方

3・4年

谷和樹・長谷川博之〈監修〉
田丸義明・水本和希〈編〉

学芸みらい社
GAKUGEI MIRAISHA

刊行の言葉

谷　和樹（玉川大学教職大学院教授）

「ごんぎつね」という単元名はありません。「読んで考えたことを伝え合おう」が単元名です（東京書籍四年下／令和三年版）。その単元で使用される「教材」が「ごんぎつね」です。「ごんぎつね」を学ぶのではありません。「ごんぎつね」を使って「読んで考えたことを伝え合う」という「学び方」を学ぶのです。授業中、教師も子供たちもそのことを意識しているでしょうか。

「伝え合う」ためには、「何を伝え合うのか」という中身を子供たちが持っていなければなりません。そこで、必要とする「言葉の力」が教科書では示されています。この単元では次の二つです。

①人物どうしの関わりを考える。
②中心人物の変化をとらえる。

たとえば「中心人物の変化をとらえる」ためには、次の理解が前提になります。

ア　人物（一、二年）
イ　人物がしたこと（一、二年）

ウ　中心人物（三、四年）
エ　人物の行動、会話、性格を表す言葉（三、四年）

さらに五、六年になればここから「物語の山場」「情景描写と人物の心情の関連」等へと進みます。こうした「学び方」が、教科書には系統的に示されているのです。各学校にしっかりとしたカリキュラムがあるなら別ですが、そうでなければまずは教科書が示している学び方の系統を確認することが第一です。

もちろん、教科書にも不十分な点はあります。中心人物の変化をとらえるために、言葉と行動と出来事を整理する方法が示されています。しかし、整理したことから「気持ちを想像する」ための手がかりが希薄です。「繰り返される出来事の共通性」や「イメージ語」に着目すること等を楽しく指導するなら授業の熱中度は高まるでしょう。

また、「読んで考えたことを伝え合おう」という単元名なのに、「伝え合う」手立てのヒントがありません。パソコンやタブレット、各種のアプリ等を効果的に使い、書いて伝え合う方法、小グループで伝え合う方法、クラス全体で伝え合う方法等を工夫すれば、さらによい授業になりそうです。

本書は、そうした「教科書の活用方法」「ＩＣＴとの組み合わせ」等の実例を分かりやすく示したものです。多くの先生方のお役に立てば幸いです。

まえがき

ある年、入学してきた一年生に「人権作文」なるものを書かせた。人権問題を扱った授業をして、作文を書かせる。多くの学校が毎年取り組むルーティンの一つだろう。

複数の小学校から上がってきた150名の子供たちの七割が、原稿用紙を正しく使えなかった。半数は、段落をつくることができていない。原稿用紙三枚が一段落か二段落で書かれているのだった。

鍵括弧の向きが逆であったり、句読点が行頭に来ていたりするのも二十名を超えた。てにをはの誤り、主述の乱れ、句読点の落ち、行替え一マス空きの落ち、誤字脱字等は数知れず。学年職員一同頭を抱えたのを覚えている。

誰の責任か。間違いなく私たち教師である。しかも、指導の初期を担った教師の責任が大きい。こういう大切なことほど、誤学習させてはならないのだ。一度誤って覚えると、「上書き」に数倍の時間と労力がかかるのである。六年間放っておかれた間違いを直すのは、きわめて困難だ。現場で働く者ならば想像に難くないだろう。

中学校で国語科を担当する教師は、このような誤学習を修正しつつ、中学校の教科書を進めなければならない。教師以上に大変な思いをするのは、無論、子供たちである。せめて小学校国語の基礎基本くらいは身につけさせて卒業させてくれ、と思わざるを得ない。

このような悲劇を生まないために、まずは教科書の内容をきっちりと身につけさせたい。そのためには、教師自身が教科書の構造を捉え、そこに織り込まれた様々な工夫を授業で活かしていく必要がある。そのための方法論を提示するのが本書のねらいである。

中学年の編集を担当した水本和希氏は言う。

本書の趣旨の一つは、「国語の授業システム」という言葉に基づく。

教科書に沿って授業をすることで、子供たちに力をつける。

そのような「国語の授業システム」をつくることはできるのか。教科書を使って授業をすると、平凡で、つまらない授業になるイメージがある。しかし、最近の国語教科書には、「学習」というページがある。そこには、「話す・聞く」「読む」「書く」「言語」それぞれの分野における「系統性」が示されている。その「系統性」をきちんと読み解いた上で、ある場面では教科書の問いを、ある場面ではＩＣＴを、上手に使い分ける。それによって、日々の授業で力がつく「国語の授業システム」をつくることができる。

では、どうやって日々の授業をつくり、システムをつくっていくのか。その具体的なヒントが、本書には散りばめられている。

私が教壇に立った頃のそれと比べれば、国語教科書はだいぶ親切になった。ほとんど使えなかった学習ページの発問群の質も上がった。子供たちがふり返りに使うページも整理され、かなり充実した。申し分ないとは言わない。それでもかなり良くなった。

あとは使う側の責任だ。国語教科書を使い倒す教師になろう。そのための情報が本書にある。

二〇二二年初夏

長谷川博之（ＴＯＳＳ副代表　ＮＰＯ法人埼玉教育技術研究所代表理事）

目次

■刊行の言葉　2
■まえがき　4

Ⅰ 「国語教科書ってどうやって使えばいいの？」に答えるヒント3

国語を学ぶって何て楽しいんだ
子供に専門家の知を探究する過程を体験させよう　12

国語教科書の新しいコンセプトとは～3つのヒント～
「①語彙力」「②学習ガイド」「③ＩＣＴ」　16

ヒント①【知識・技能】「語彙」習得のヒント
ちょこっと語彙指導7、定着ステップ3　18

ヒント②【思考・判断・表現】「学習ガイド」を活用するヒント
「学習ガイド」を見分ける視点をもとに、学習活動を取捨選択しよう　20

ヒント③【思考・判断・表現】ＩＣＴ活用の新しい学力を考えるヒント
簡単にできる俳句作りから交流までを紹介　22

Ⅱ 「語彙力」を高める指導法4

【思考・判断・表現】対話の質を高める技
「言葉のたから箱」を使い語彙力を高める「山小屋で三日間すごすなら」　24

【知識・技能】読む単元で語彙を豊かにする指導法
語彙指導は「辞書を引かせる」だけではない **「きつつきの商売」** 28
【思考・判断・表現】書く単元で「語彙力」を高める
年間を通して、作文力を高めながら語彙力を鍛える **「作文」** 32
【知識・技能】「言語」単元で「語彙力」を高める
三つの「使える」がポイントである **「へんとつくり」** 36

Ⅲ 各領域「学習ガイド」ページの見方・考え方

【思考・判断・表現】話す・聞く単元の学習ガイド
一番大切な言語活動を第一時に体験させる **「もっと知りたい、友だちのこと」** 40
【思考・判断・表現】中学年「読む」単元の「学習ガイド」ページの見方・考え方
教科書の構造を理解し、単元全体像を把握する **「きつつきの商売」** 42
「書く」単元の「学習ガイド」の見方・考え方
～教科書を読み解き、指導すべきことを明確にせよ～ **「仕事のくふう、見つけたよ」** 44
【知識・技能】「言語」の学習ページ使い方ガイド　三・四年生きせつの言葉　春～冬
「春の楽しみ」 46

Ⅳ 達人が使うICT活用――うまい使い方ヒント

【知識・技能／思考・判断・表現】アプリで基礎学力づくり――国語の学力は多岐にわたる。ポイントは熱中するアプリを使用すること「よく聞いて、じこしょうかい」 48
【知識・技能】四年基礎学力づくりのアプリ紹介
基礎学力のうち、「慣用句」の学習に限定し、アプリ活用を紹介する「慣用句」 52
【思考・判断・表現】三年アプリ活用の調べ学習
光村図書「仕事のくふう、見つけたよ」を例に「仕事のくふう、見つけたよ」 56
【思考・判断・表現】調べ学習のアプリ紹介とトレーニング
「新聞を作ろう」（光村図書）学習コンテンツの紹介「新聞を作ろう」 60
【知識・技能／その他】言葉の力育成のアプリ紹介　意欲向上に繋がるアプリ活用術
「私たちの学校じまん」 64
【知識・技能】言葉の力育成のアプリ紹介
四年国語教科書の具体例「いろいろな意味をもつ言葉」 68

Ⅴ 「有名教材・難単元」のわかる教え方――ICT紐づけ授業づくり

三年生の授業実例「読む」ICT紐づけプラン物語文「三年とうげ」 72

【思考・判断・表現】「読む」ＩＣＴ紐づけプラン説明文
教材文を加工し、便利さを実感する「**言葉で遊ぼう**」76
【思考・判断・表現】三年生の授業実例「書く」ＩＣＴ紐づけプラン
「これがわたしのお気に入り」～「書く」「交流する」が自由自在に～
「**これがわたしのお気に入り**」80
【知識・技能】ことわざ・故事成語
子供が熱中する言語文化の授業「**ことわざ・故事成語**」84
【思考・判断・表現】四年生の授業例「読む」ＩＣＴ紐づけプラン
どの物語でもできる読み取りの型「**物語教材**」88
【思考・判断・表現】四年生の授業実例「読む」
説明文の中心となる語や文を読み解き、ＩＣＴ機器を活用してまとめる指導の方法
「**くらしの中の和と洋**」92
【思考・判断・表現】どの子も書ける！　新聞作り
ＩＣＴを活用した「執筆→推敲」の学習プラン「**新聞を作ろう**」96
【知識・技能】楽しく作業で習得
ＩＣＴと教科書とノートすべて活用「**漢字の組み立て**」100

Ⅵ 「このページどうやって授業する」の悩みに応える内容別授業ガイド

【知識・技能】文字が身に付く漢字のページの教え方ガイド「**漢字の広場**」 104
話す・聞く力がつく対話のページの教え方ガイド
「**あなたなら、どう言う**」 108
【思考・判断・表現】読む力がつく物語ページの教え方ガイド
初心者でも簡単に授業できる教科書ガイドに沿った発問・指示「**まいごのかぎ**」「**三年とうげ**」 112
【思考・判断・表現】単元構造を知って楽々指導！
どの学年でも、どの説明文でも、単元構造を知れば授業ができる！
「**ヤドカリとイソギンチャク**」 116
【思考・判断・表現】表現力がつく作文ページの教え方ガイド
モデルを示し、誰もが書ける「**気もちをこめて『来てください』**」 120
【思考・判断・表現】子供が熱中する向山型要約指導
まず基本的な「方法」を教え、「活用」させる「**白いぼうし**」 124
【知識・技能】情報を集める力がつく調べ学習の教え方ガイド
調べる方法は全て教えよう「**図書館たんていだん**」 128
【知識・技能】端末を使って楽しく分類する

カードに書く分類作業を端末に変える「山小屋で三日間すごすなら」 132
【思考・判断・表現】「図表等を文章にする力」を付ける説明文指導
文章と図表の関係を踏まえて内容を理解することは、極めて重要である「こまを楽しむ」 136
【知識・技能】四年生の授業展開例
詩・短歌・俳句は読むだけでなくＩＣＴで表現しよう「かがやき」 140

Ⅶ コピーして、子供が使える〝振り返り〟チェックシート

【思考・判断・表現】三年「書く」単元の振り返り
年間を意識した振り返りチェックシートの作成「食べ物のひみつを教えます」 144
【思考・判断・表現】四年「リーフレット作り」単元
推敲・共有の場面で使えるチェックシート「伝統工芸のよさを伝えよう」 148

■あとがき 152

「初雪のふる日」

国語を学ぶって何て楽しいんだ 子供に専門家の知を探究する過程を体験させよう

▼水本和希

1 「見方・考え方」が磨かれる授業

光村図書四年下に「初雪のふる日」という物語文がある。私は、次の発問をした。

このお話の中心人物は誰ですか？

中心人物とは、「物語の初めと終わりで考えや行動が大きく変わった人物のこと」である。クラスの子の一人が、授業後に次の意見を書いていた。

「女の子。理由は3つあります。
1つ目は、p104うしろからL2の「女の子はどきっとしました。いつか、おばあさんから聞いた話を思い出したからです。」のところで、なぜかというと、女の子が白ウサギにつれさられることに気づき、「女の子は、」と書いてあるので、女の子がおばあさんから聞いた話を思い出したことになり、この先から女の子の行動が変わり、女の子がウサギにつれさられていることに気づき大変だと思い、立ち止まろうとしたからです。
2つ目は、p108L3の「こうして…」のところです。…その他の人物はここから先に大きな行動の変化のあることをしていないからです。かりにウサギだとしてもこの中で考えが変わったところや、行動に変化はなかったのでちがうと思いました。3つ目は、…（続く）」

新卒一年目の実践である。粗削りだが、中心人物の定義を踏まえ、本文を根拠に意見を書いている。

討論を終えての意見文である。「先生！　まだ言いたいです！」という子がいた。私は、「言いたいことがある人は、ノートにぶつけてください」と告げた。その後、どの子も、かなり熱中して書いていた。

さて、物語文では、何を教えるか。学習指導要領には、「登場人物の行動や気持ちについて、叙述を基に捉えること」とある。

「中心人物」を検討すると、自然と「登場人物の気持ちの変化」に着目させることができる。先の子供の意見文も、本文の叙述を根拠に、登場人物の気持ちや行動を分析して、書かれている。

物語文で、「中心人物」というコードを身につけると、子供たちは他の物語文でも「中心人物」を探すようになる。高学年になっても、物語文を読んだ時に「中心人物は、大造じいさんだ。」「中心人物は、太一だ。」と読めるようになる。これが「見方・考え方」を身につけた状態だ。

今、各学年で獲得を目指す「見方・考え方」を「磨かれる」授業が求められている。「見方・考え方」自体を授業するのではない。「気持ちは何ですか?」と直接問うのではなく、間接的に問う。例えば、「中心人物は誰ですか?」と問いかけ、検討（討論）させることによって、子供たちは熱中しながら、自然と「見方・考え方」を身につけていく。

2「学習」ページをヒントにする

では、こうした「見方・考え方」の指導法をどのように見つければいいのか。

最近の国語の教科書には「学習」というページがある（上図参照）。

このページには、各学習で必要な内容が網羅されている。例えば、「とらえよう」→「ふかめよう」→「まとめよう」といったステップが示され、教師にとっても、子供にとっても分かりやすい構成になっている。

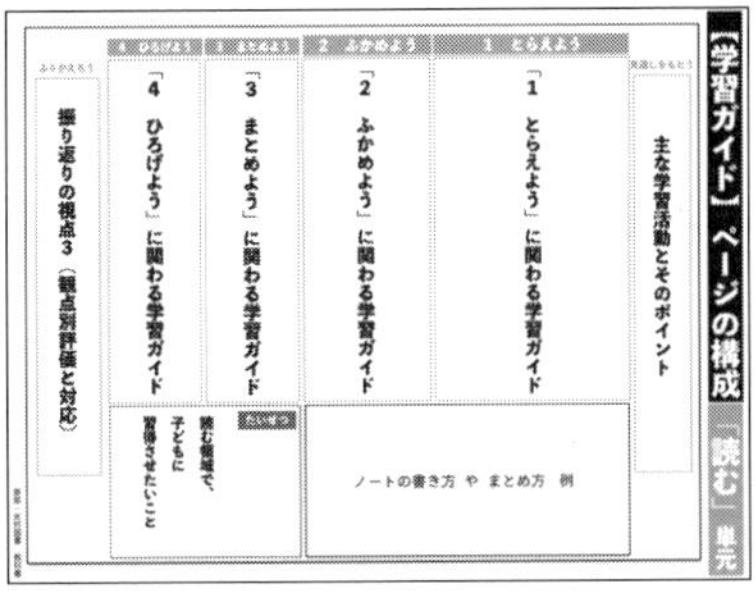

例えば、「初雪のふる日」では、「ふかめよう」のところに「女の子の様子や気持ちの変化を考えましょう。」と記されている。

しかしこれをそのまま授業で言っても、子供たちは熱中しない。「学習」のページは、そのまま授業できるところと、そうでないところがある。「学習」ページが示す「教えるべき内容」を踏まえた上で、教師が「国語教科書」の「わかる教え方（楽しさや熱中を生み出す発問・指示）」を多様に持っていることが重要だ。

3 ＩＣＴをヒントにする

コロナウイルス感染症の拡大を受けて、ＧＩＧＡスクール構想が一気に前進した。各校に一人一台端末の整備が進み、ＰＣやタブレットを活用した実践ができるようになった。「新しい学び方」である。

ＩＣＴ活用と言われると、「難しい」「手間がかかる」という印象がある。しかし、本当に簡単なことから始めることができた。

一人一台端末が導入された年、私は五年生を担任していた。導入されたその時期、教科書の「漢語・和語・外来語」のページに入った。

漢語・和語・外来語のちがいをおさえた後、ノートに書かせる場面となった。そこで、子供たちに次のようにたずねた。

意見の「共有」だから、ロイロ（※）が使えます。使いますか？

※ロイロ：ロイロノートの略称。神奈川県などで導入されている授業支援クラウドの名称。

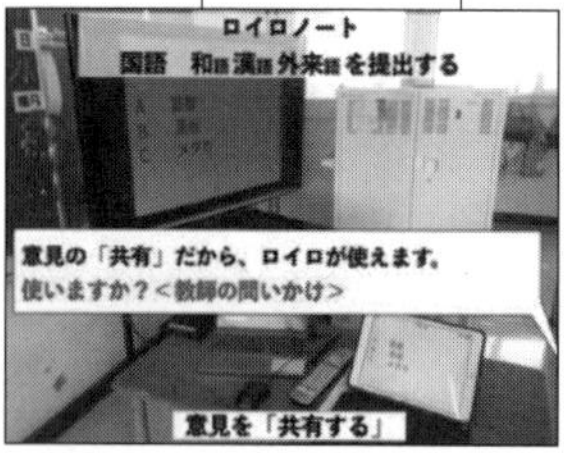
ロイロノート
国語　和語 漢語 外来語 を提出する
意見の「共有」だから、ロイロが使えます。
使いますか？<教師の問いかけ>
意見を「共有する」

子供たちは「使いたい！」と即答した。その後、

（1）一枚のテキストカードに「A漢語」「B和語」「C外来語」を一つずつ書き込む

（2）（デジタル上の）提出箱に提出する

（3）提出された順番に発表する

と進んだ。教師の端末操作は、

①「提出箱」を作る
②「提出箱」を見せる

これだけであった。これだけで楽しいと感じる子もいる。目の前で次々と示される友達の意見に笑ったり、ツッコミを入れたりする空間になった。

ノートに書いて、発表する。国語で今までやってきたことを、そのまま端末上でアウトプットしただけでも、立派な「ＩＣＴ活用」だ。

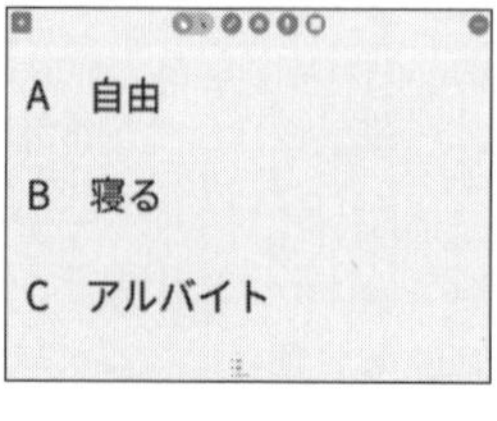
A 自由
B 寝る
C アルバイト

国語は、一人一台端末を活用しやすい教科である。実践の具体は、本書の中で示す。

4 先行実践をヒントにする

教科書の「学習」ページやICTといった新しいものだけでなく、先行実践（これまでの実践）の中にも、「熱中する学び」のヒントは隠れている。

例えば、野口芳宏氏の「うとてとこ」の授業であり、向山洋一氏の「春」の授業である。

例えば、向山洋一氏の「春」の授業には、子供が熱中する発問がある。

「話者（語り手）はどこにいますか？」
「てふてふ（ちょうちょ）はまだ見えていますか？」

話者の位置を目玉に描いて表したり、蝶が見えているか討論したりする。「てふてふが一匹韃靼海峡を渡って行った」この短い詩でも熱中する授業になる。

この発問群は、「分析批評」と呼ばれる学習方法である。教材をいくつかの観点（視点、中心人物、主題など）から分析し、読み取りを深めていく手法だ。

このタイプの発問も、最近の「学習」ページには登場するようになってきた。こうした先行実践や熱中する授業パーツを知っていれば、それらをヒントに「熱中する学び」を日々の授業の中で実現できる。

5 「専門家の知」を探究する楽しさを、授業の中で生み出す

「教科する授業」

という言葉がある。「教科の見方・考え方」を生かした授業のことだ。しかし、イメージが湧かない。そもそも、「見方・考え方」を生かした子供の姿は多様である。ここではあえて一言でイメージ化してみる。

「国語の専門家のように」読んで、書いて、話せる

この姿を授業の中で目指す。

では、この姿をどのように生み出すのか。そのヒントが、今の「国語教科書」にはある。「専門家の知」を具体的に分析し、わかりやすく示した結果が「国語教科書」だからだ。「教科書」の「わかる教え方」を知り、子供たちに合わせて授業をする。それが、「専門家の知」を探求する過程となり、国語の授業が楽しくなるきっかけとなる。

教科書の特色

国語教科書の新しいコンセプトとは～三つのヒント～
「①語彙力」「②学習ガイド」「③ICT」

▼水本和希

1 「語彙力」を高める指導法

教室で、次の指示をしたことがあるだろうか。

> 「会話文」とは何ですか。
> 言葉のたから箱のページを開いて、確認しましょう。

最近の教科書の巻末には、「語彙」を一覧にまとめたページがある。（例：光村三年下～）

「語彙」に掲載される言葉は、学年によって異なる。

三・四年生が習得する「語彙」は二種類ある。

> ①考えや気持ちを伝える言葉
> ②学習に用いる言葉

三・四年生の教科書に載っている「語彙」を数えて、カテゴリー別に整理した。

考えや気持ちを伝える言葉	９９個
①人物を表す言葉	１９個
②物や事がらの様子を表す言葉	１８個
③考え方を表す言葉	１２個
④気持ちを表す言葉	５０個
学習に用いる言葉	１３個

→物語、段落、問い（問いの文）、引用、句読点
さくいん、連、キャッチコピー、会話文・地の文、司会、奥付、語り手

三年教科書の「語彙」

考えや気持ちを伝える言葉	１１４個
①人物を表す言葉	２０個
②物や事がらの様子を表す言葉	３２個
③考え方を表す言葉	１３個
④気持ちを表す言葉	４９個
学習に用いる言葉	１２個

→かじょう書き、要点、対比、設定、要約、見出し、
取材、わりつけ、アンケート調査、情報、議題、出典

四年教科書の「語彙」

三・四年生合わせて、二三八語が示されている。

学習を進める中で、こうした「語彙」が登場したら、意味を確認する場面を入れていきたい。指導の詳細は、本書の中で述べる。

もちろん、教科書の巻末に載っていない「語彙」を教えてもよい。言葉を豊富に持つことによって、考える力も高まっていく。その時は意味が分からなくても、後になって理解できることもある。学習指導要領で「語彙」が強調されている理由である。

２「学習ガイド」ページ活用のヒント

教室で、次の指示をしたことがあるだろうか。

①「学習」のところに指を置きます。
②四つの「学習」がありますね。番号をつけましょう。
③まず、「決めよう　あつめよう」とあります。誰に手紙を書きますか（書くことに決めますか）？

最近の教科書には、単元ごとに「学習」という箇所がある。学習の流れが示されていて、子供も、教師も、どのような流れで勉強するかが分かる。

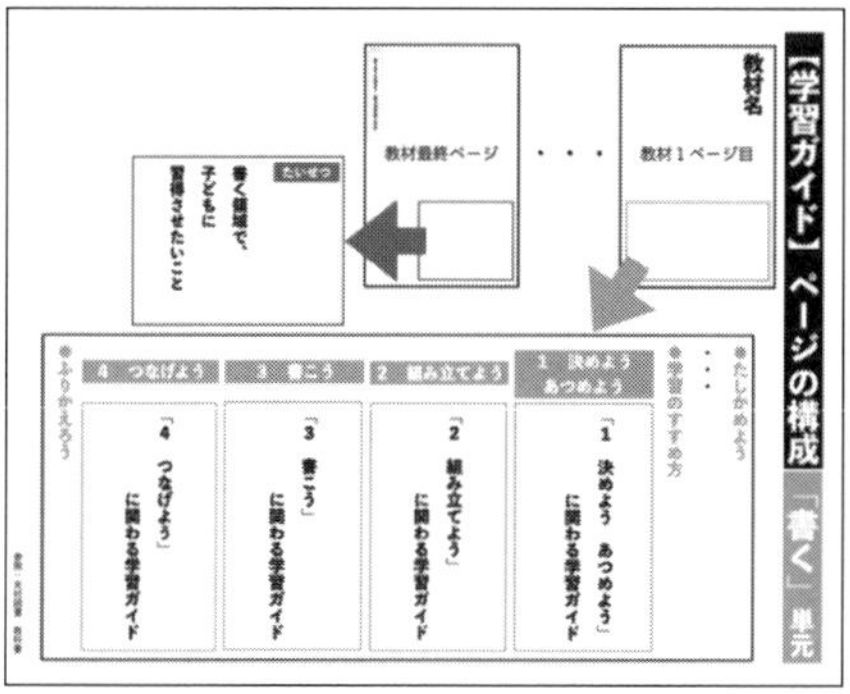

しかし、この流れ通りに授業すると、「つまらない授業になった」という経験をお持ちの先生もいるだろう。「学習」のページは、学ぶべき「内容」が網羅されており、「系統性」がある。

しかし、全てを順番通りに扱うと、授業にしなやかさが失われ、重たい雰囲気になってしまう。そこで、どの「学習」を選んで、どのような発問・指示で展開していくか。その視点をもつことが重要である。視点は、本書の中で具体的に示していく。

３ ＩＣＴ活用の新しい学力

「先生、ｉＰａｄを使っていいですか？」

子供たちは一人一台端末を使いたい。したがって、しばしば聞きに来る。しかし、「使いたいと言っているから、使わせる」では、学力がつかない。

教師は端末を活用する「意図」をもつ必要がある。例えば、「お互いの意見を一目で確認できる」「文章をすぐに推敲することができる」など、「共有性」「即時性」を踏まえる。その上で、子供自身が端末を活用する「目的」を理解している状態を目指したい。

オンライン授業が実施されるようになり、チャットやクラウドの活用なども重要な要素となっている。

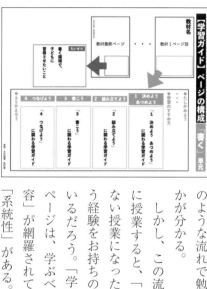

「きつつきの商売」

ヒント①【知識・技能】
「語彙」習得のヒント
ちょこっと語彙指導7、定着ステップ3

▼中川貴如

1 中学年担任が注目すべき四種の語句

「きつつきの商売」光村図書三年上（19ページ）に次の一文がある。

野うさぎは、きつつきを見上げたまま、だまって聞いていました。

中学年担任なら、次の四種類の語句に注目したい。

①様子　②行動　③気持ち　④性格
小学校学習指導要領（平成二十九年告示）より

前述の文を見ると、「見上げたまま」「だまって聞いていました」などが、①②などにあたる。

2 ちょこっと語彙指導7

語彙指導は、短時間で繰り返すと効果的である。例えば、「見上げる」を授業で取り上げる。

①「見上げる」をやってごらん。（動作化）
②「見上げる」ってどういうこと（言語化）
③「見上げる」を言い換えると（同義語）
④「見上げる」と似た意味の言葉（類義語）
⑤「見上げる」の反対は（対義語）
⑥「見上げる」を使った一文を作る（転用）
⑦「見る」と「見上げる」の違い（比較）

全てを扱う必要はない。どれを扱うかは、その時々だ。二、三分で指導できる。四種類の語句が出たら、「ちょこっと語彙指導7」を活用したい。

3 語彙定着ステップ3

子供になじみのない言葉は、「使える実感」が重要になる。例えば、「見上げたまま」の「まま」である。

「見上げたまま」とあります。やってごらん。「まま」とは、どんな様子を表す語句ですか。

ここは、はっきりと答えられなくてもよい。

「～まま（何かをしたまま）」という言葉をできるだけたくさんノートに書きます。三つ書けたら、持っていらっしゃい。

「話したまま」「見えたまま」「忘れたまま」…など様々に出る。早く書けた子には、一つずつ黒板に書かせる。黒板には、たくさんの「～まま」が並ぶ。発表させた後、次の指示を出す。

自分がノートに書いていない意見で、使えそうなものを五つノートに写しなさい。

意味がわからないものは使えない。使えそうなものを写すから「語彙量」が増える。さらに続ける。

「～まま」を使って、一文を作りなさい。

「ぼくは、見たままを、友達に話した」のような文が次々とできる。黒板、一人一台端末等で共有する。

「私は、寝たまま、マンガを読んだ。」

このような意見が出ると盛り上がる。「寝たまま読むのは無理！」「この寝るは横になるという意味」など意見が交わされる。その後、「私は、横になったまま、マンガを読んだ。」など誤解のない文に修正させる。「語句の質」が高まる。ここまでの3ステップを整理する。

書き出す→写す→使う

ちなみに、「～のまま」の「～」は「行動」を表す語彙である。語句の「まとまり」を指導することもできる。

本書では、語彙習得の多様な手立てを紹介していく。

語彙習得のヒント

ちょこっと語彙指導７

① やってごらんなさい　（動作化）
② どういう意味？　（言語化）
③ 言い換えると？　（同義語）
④ 似た意味の言葉は？　（類義語）
⑤ 反対の意味の言葉は？　（対義語）
⑥ 言葉を使って一文を作る　（転用）
⑦ 似た言葉との違いは？　（比較）

語彙定着ステップ３

Step１　できるだけたくさん書きなさい。
Step２　写しなさい。（友だちの意見等）
Step３　～を作りなさい。（語句を使う）

単元に即した学習活動

ヒント②【思考・判断・表現】
「学習ガイド」を活用するヒント
「学習ガイド」を見分ける視点をもとに、学習活動を取捨選択しよう

▼水本和希

「学習ガイド」は、学習内容を捉えるための問いが載っている。授業をする前に、一度読んでおきたい。このページを見れば、授業や単元の流れが分かるからだ。だが、授業でそのまま使えない問いも混ざっている。見分ける視点をもち、授業では取捨選択したい。

(1)「読む」単元

例えば、「読む」単元における「学習ガイド」は下のような構成になっている（下図参照）。

一、「とらえよう」：「設定・構成」をとらえる学習
二、「ふかめよう」：「自分の考え」を作る学習
三、「まとめよう」：「自分の考え」をもつ学習
四、「ひろげよう」：「友達の意見」を聞く学習

「読む」学習で重要なのは、「本文の言葉をもとに考えること」である。

したがって、**「学習ガイド」を見分ける視点は、「本文の言葉をもとに検討できるガイドかどうか」**である。そうでないガイドは、扱わなくてもよいわけだ。

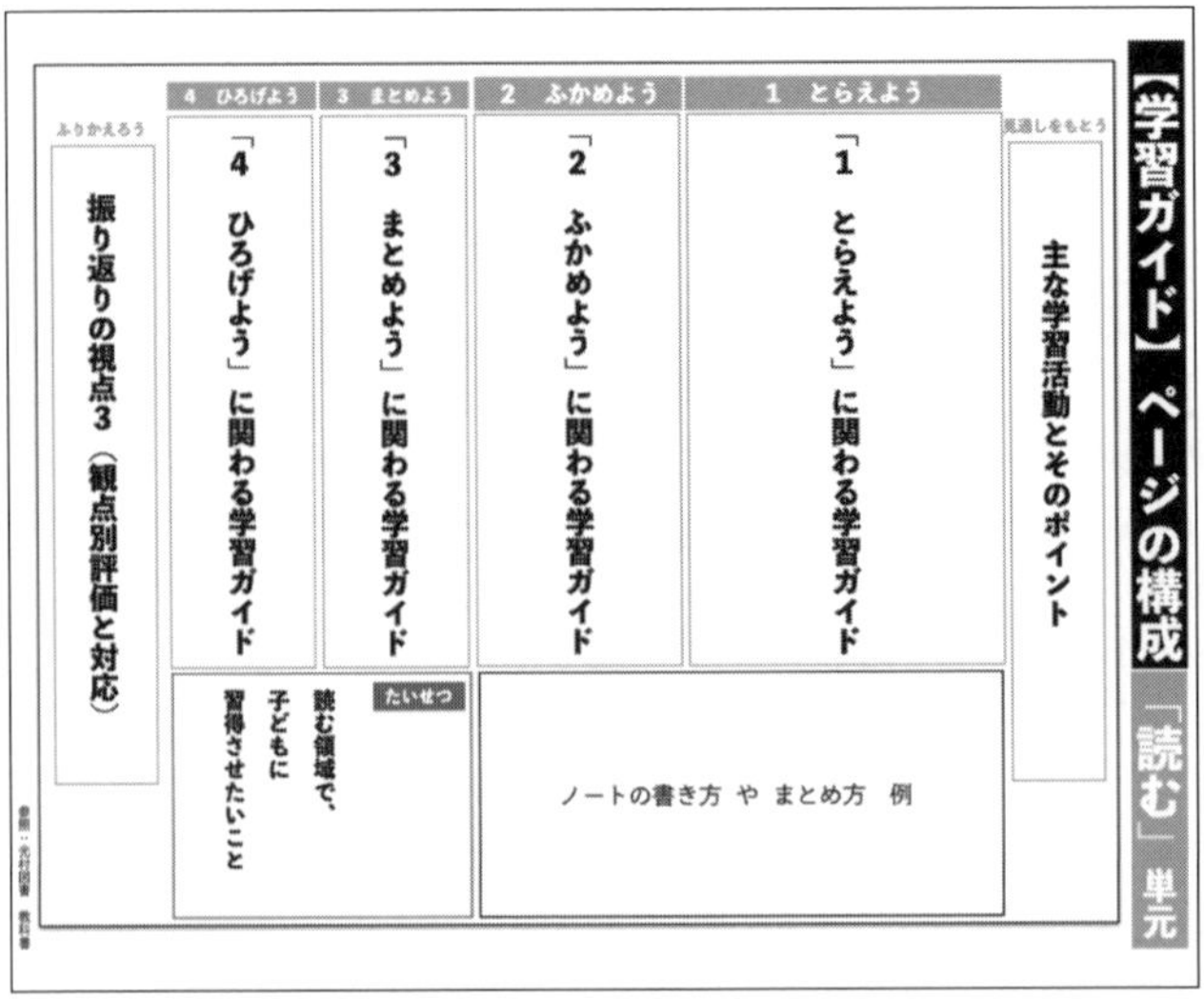
【学習ガイド】ページの構成
「読む」単元
見通しをもとう
主な学習活動とそのポイント
1 とらえよう
「1 とらえよう」に関わる学習ガイド
2 ふかめよう
「2 ふかめよう」に関わる学習ガイド
3 まとめよう
「3 まとめよう」に関わる学習ガイド
4 ひろげよう
「4 ひろげよう」に関わる学習ガイド
ノートの書き方 や まとめ方 例
たいせつ
読む領域で、子どもに習得させたいこと
ふりかえろう
振り返りの視点3（観点別評価と対応）
参照：光村図書 教科書

(2)「話す・聞く」単元

「話す・聞く」単元における「学習ガイド」は、下のような学習の流れを示している（下図参照）。

発問や指示を明確にすることで、そのまま授業で活用できる。

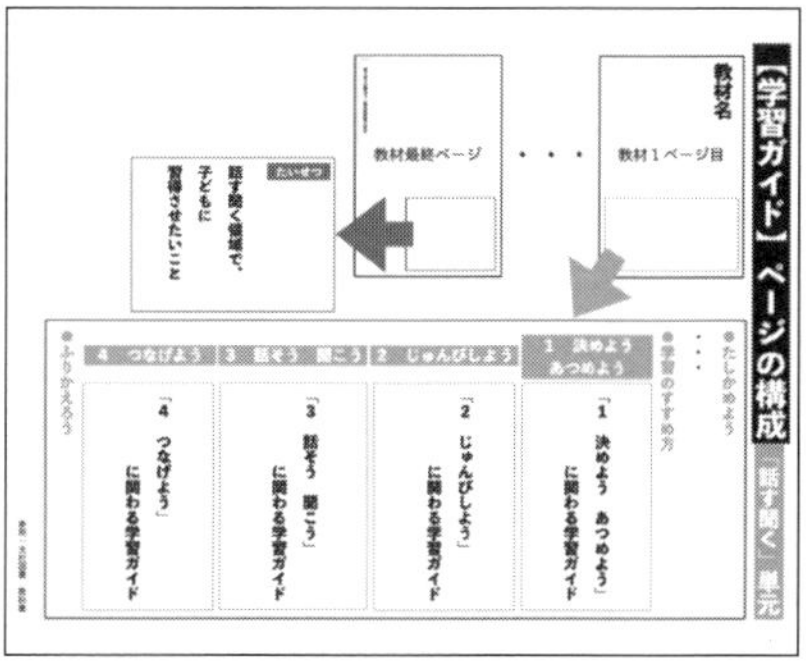

一、「決めよう　あつめよう」：話す素材を集める学習
二、「じゅんびしよう」：話す順番を考える学習
三、「話そう　聞こう」：実際に話す・聞く学習
四、「つなげよう」：「友達の発表」から学ぶ学習

(3)「書く」単元

「書く」単元における「学習ガイド」も、学習の流れを示している（下図参照）。

発問や指示を明確にすることで、そのまま授業で活用できる。

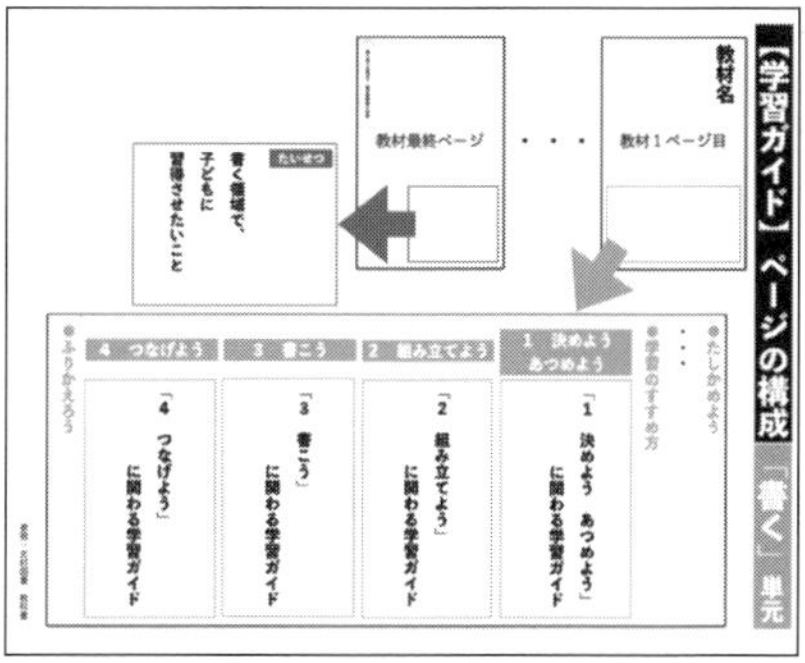

一、「決めよう　あつめよう」：書く素材を集める学習
二、「組み立てよう」：書くポイントをおさえる学習
三、「書こう」：実際に書く学習（推敲を含む）
四、「つなげよう」：「友達の作文」から学ぶ学習

俳句作り

ヒント③【思考・判断・表現】

ICT活用の新しい学力を考えるヒント

簡単にできる俳句作りから交流までを紹介

▼竹岡正和

1 五音・七音を集めるだけで俳句完成

端末を用いることで、意見交流や作品の確認が瞬時にできるようになった。以下、俳句作りの実践を基にして、「活用」による新たな授業展開のヒントを述べる。

(1) 俳句作りのための五音・七音を集める

「夏！」と言いながら「教室の画面」に夏に関わりのある画像を次々と提示していく。子供にも夏をイメージしやすい次のような画像がよい。

> **砂浜　海水浴　プール　緑の山　かき氷　スイカ**
> **アイス　風鈴　カブトムシ　団扇　扇風機　祭り**

この中から五つ程度で充分である。これで子供に、夏のイメージを持たせることができる。

次に夏のイメージを子供から出させる。

> **夏と言ったら何でしょうか。できるだけ短い言葉にします。思い浮かんだ言葉をノートに「①何々」「②何々」と箇条書きしていきます。**

数分したら、一人一つ発表させる。その後、夏の俳句を作ろうと子供に投げかける。俳句は五音と七音からなることを伝える。

> **俳句を作るために、夏を感じさせる五音の言葉を集めます。「アイス」だと三音です。その場合、「アイスかな」「アイスなり」のように言葉を付け足すと五音になります。**

ノートに三つ書けたら、一番よい五音を黒板に書かせる。その時、黒板にチョークで横に一本線を引いておく。上段に五音、下段に七音を書かせるためだ。

七音を書かせる時は次のように伝える。

七音を書くコツを言います。夏を耳で聞いてごらん。どんな音が聞こえてくるかな（数名に発表させる。以下、同様にする）。どんな景色が見えるかな。夏を口に入れてごらん。どんな味がするかな。夏をさわってごらん。どんな感じがするかな。さらに、夏を鼻で匂ってごらん。どんな香りがするかな。自分の体で夏を感じるのです。それを七音にします。

五音

波の音
セミの声
暑い空
夏キャンプ

七音

プール最高
祭り楽しい
ザブンザブンと
美味しい景色だ

板書はこのようになる。

こうして俳句を作る準備ができた。教師が板書された五音と七音を組み合わせて即興で俳句を作る。板書を参考にして俳句を作らせる。次の国語で俳句を作ることを伝える。教師は板書をデジカメで撮影しておく。

（2）ムーブノートに俳句を書かせる

児童の端末に「ミライシード」があるので、その中の「ムーブノート」で俳句を作らせる。ムーブノートのカードに俳句を一つ書かせて「広場」に送信させる。

「広場」にリアルタイムで俳句が表示される。送信した児童にはコメントを書かせる。こうすると提出した後も活動が停滞することがない。また、「花丸」機能があるので、「よい俳句三点まで『花丸』してよい」と数を限定すると面白い。「花丸の多い順」に提出された俳句を並べ替えることもできるのでクラスが選んだベストスリーといったイベントもできる。ムーブノートの「広場」機能で児童同士の交流が自然と生まれ、句会の雰囲気を出すことができる。

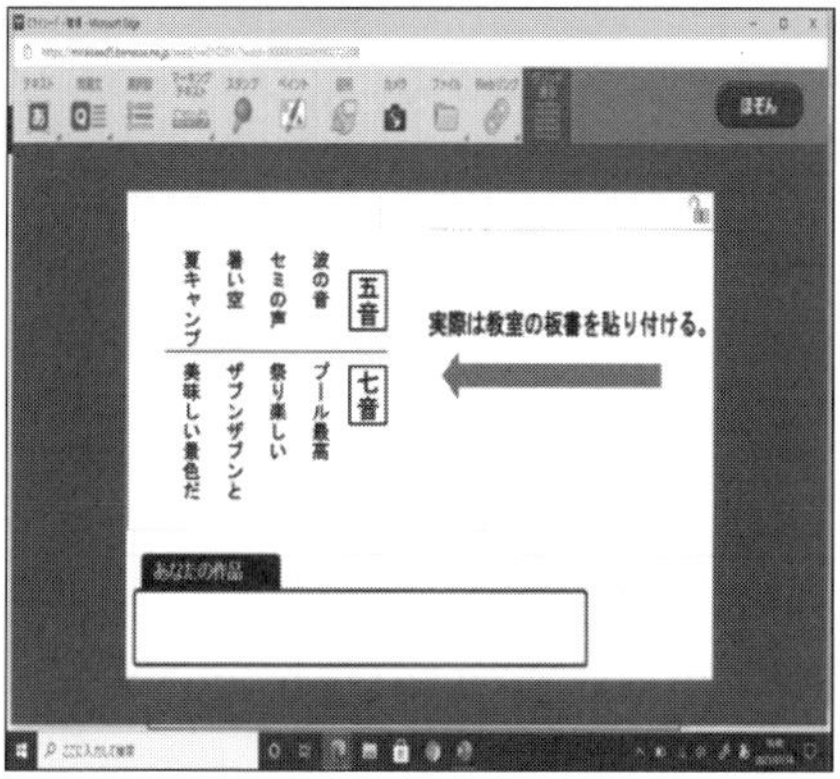

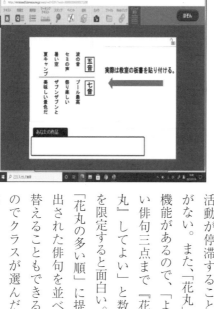

「山小屋で三日間すごすなら」

【思考・判断・表現】

対話の質を高める技 「言葉のたから箱」を使い語彙力を高める

▼加藤雅成

1 相手対話の学習の重点

光村図書三年上の116ページ。対話の練習の「山小屋で三日間すごすなら」の指導法を示す。

指導ポイントは以下の通りである。

> **①話し合いの目的をしっかりと理解させる。**
> **②自分と友達の意見の共通点と相違点を理解させる。**
> **③全員が話したいという状況を作る。**

2 単元の指導計画

全三時間の単元計画である。

【一時間目】

1 教科書を見て、学習の流れを理解させる。

2 山小屋でやりたいことを例示→二人組の話し合い→一人でノートに書く。→二人組で再度話し合い。

3 四人組になり、話し合いの目的が意見をたくさん出すための話し合いであることを確認する。

4 したいことや持っていきたいものをJamboardにたくさん入力させる。

5 共通点や相違点を分類する。

【二時間目】

考えをまとめる話し合いをする。

1 前時に出た意見の確認をする。

2 本時の話し合いの目的が「考えをまとめるための話し合い」であることをおさえる。

3 したいことを決めて、グループで持っていくものを五つまで選ぶ。

4 話し合いの際に使う言葉として「言葉のたから箱」を常に掲示する。

5 各班で決まったことを発表する。

【三時間目】

1 グループを変える。

2 本時の話し合いの目的が「考えをまとめるための話

し合い」であることをおさえる。

3　したいことを決めて、グループで持っていくものを五つまで選ぶ。

4　話し合いの際に使う言葉として「言葉のたから箱」を常に掲示する。

5　各班で決まったことを発表する。

3 実際の指導

【一時間目】

①教科書を見て、学習の流れを理解させる

指示1　教科書116ページを開きなさい。

指示2　何の学習ですか（対話の練習）。

指示3　先生の後について読みます（教科書を音読）。

指示4　大きく二つの話し合いをします。教科書から探して隣同士で言い合いなさい（考えを広げる話し合い、考えをまとめる話し合い）。

指示5　「広げる」と「まとめる」を赤鉛筆で囲みなさい。

※教科書では黄色い四角で囲まれている。

②山小屋でやりたいことを例示→二人組の話し合い→一人でノートに書く→二人組で再度話し合い

指示6　山小屋でやりことはありますか（すぐに答えられる子を数名指名し例示にする）。

指示7　隣同士でどんなことをしたいか話し合いなさい（二分程度時間をとる）。

指示8　話し合ったことなどをもとに、できるだけたくさんノートに書きなさい。隣同士で出てきた意見でもいいのです（二分程度時間をとる）。

指示9　前後の二人組でノートに書いたことを言い合いなさい（二分程度時間をとる）。

③四人組になり、話し合いの目的が「意見をたくさん出すための話し合い」であることをおさえさせる

指示10　1を読みます。

指示11　どんな話し合いをしますか（一人指名する）。

④したいことや持っていきたいものをJamboardにたくさん入力させる

指示12　Google Classroomに送ったJamboardに入りなさい。

指示13　班で一つのページです。一班は1ページ目、二班は2ページ目です。

指示14　「持っていきたいもの」と「名前」を付箋に書き

ます。友達と同じ意見でもいいです。

⑤共通点や相違点を分類する

指示15　今から仲間分けをします。Jamboard の９ページを開きなさい。

指示16　教科書のように持っていきたいグループで分けていきます。同じものは重ねればいいのです。

指示17　みんなで作業をすると動いてしまうため、今日は付箋を動かす人を一人決めなさい。

【二時間目】

考えをまとめる話し合いをする。

①前時に出た意見の確認をする

指示1　前の時間に使ったJamboard を開きなさい。

指示2　前回のやった話し合いは、どんな話し合いですか（考えを広げる話し合いです）。

②本時の話し合いの目的が「考えをまとめるための話し合い」であることを確認する

指示3　今日は[2]をやります。先生の後について読みなさい（[2]の音読）。

指示4　今日の話し合いはどんな話し合いですか（考えをまとめる話し合い）。

指示5　話し合いの時に使う言葉があります。157ページを開きなさい。

指示6　「考えを表す言葉」に指を置きなさい。三回読んだら座りなさい。

①まるでーのよう
②ーと（に）等しい
③ーとことなる
④ーと反対の
⑤ーとぎゃくの
⑥ーのなかま

指示7　それぞれの言葉を一回読みなさい。

※授業中は黒板や電子黒板に掲示してもいい。

③したいことや持っていきたいものを決めて、グループで持っていくものを五つまで選ぶ

指示8　絶対に持っていきたいものやしたいことを一つ決めます。決まったら座ります。全員起立。

指示9　Jamboard を使いながら、それぞれの班で持っていきたいものを決める話し合いをします。

指示10　「言葉のたから箱」にある言葉も使いなさい。

④各班で決まったことを発表する

【三時間目】

①グループを変える

指示1　今日はグループを変えてやります（事前に教師がグループを考えておく）。

指示2　「考えを広げるための話し合い」をします。Jamboardを開きなさい（一班は1ページ目、二班は2ページ目）。

②本時の話し合いの目的が「考えをまとめるための話し合い」であることをおさえる

指示　次に考えをまとめるための話し合いをします。大切なことが二つあります。教科書から探しなさい（黄色の四角囲みで書いてある）。

指示　先生の後に読みます。

③したいことを決めて、グループで持っていくものを五つまで選ぶ

時間は10分間です。言葉のたから箱に出てくるキーワードを使いなさい。

※話し合いの際に使う言葉として「言葉のたから箱」を常に掲示する。

④各班で決まったことを発表する

一班から決まったものと理由を発表しなさい。

4 実際に使ったJamboard

二時間目の話し合いを終えた後、背景を設定した。付箋の置く場所などを分かりやすくするアウトラインを示すためである。以降話し合いの見通しとなった。

【方法】パワーポイントでアウトラインを作成し画像として保存する。Jamboardの「背景を設定」から作成した画像を選択する。

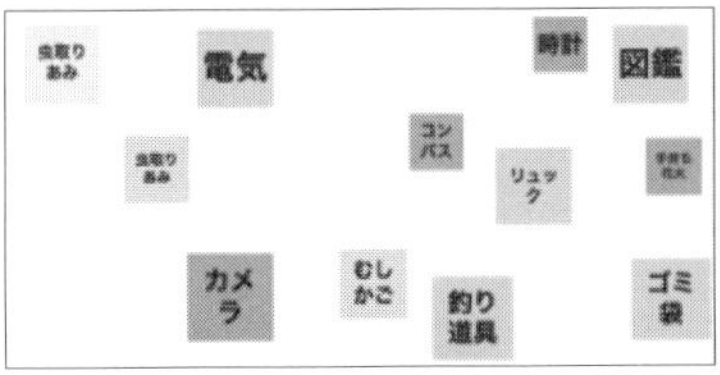

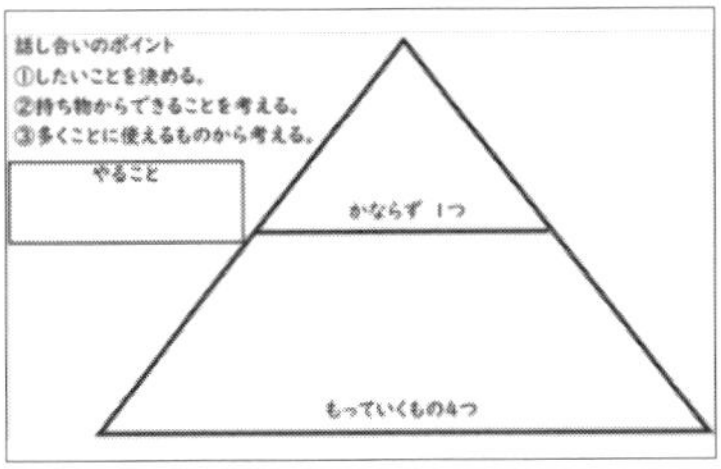

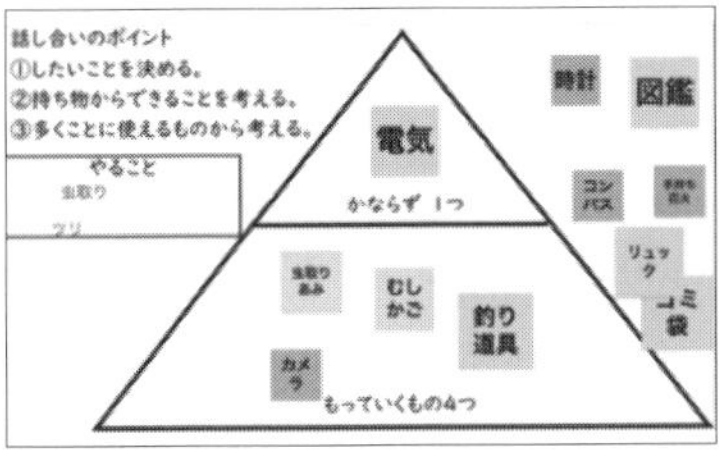

「きつつきの商売」

【知識・技能】

読む単元で語彙を豊かにする指導法

語彙指導は「辞書を引かせる」だけではない

▼佐藤智彦

1 語彙を豊かにする学習は楽しい

初任者のころ、私の「語彙指導」は「辞書を引かせるだけの指導」だった。「子供の語彙を豊かにするにはどうするか？　知らない語句や難しい語句を、辞書で引かせるしかない！」と思い込んでいた。

しかし、今は違う。授業では、辞書を引かせる以外の方法でも語彙指導をする。子供は楽しいようだ。たびたび笑いが生まれるし、休み時間になっても「授業で扱った語句」で楽しんでいる。

語彙を豊かにするためには、

①語句の量を増やす
②語句のまとまりや関係、構成や変化を理解する

という二つが必要である。

語彙とは「単語の総体」、つまりすべての語句のことだ。語句への「知識と理解」を豊かにすること、それが語彙を豊かにすることである。

三、四年生では、「様子や行動、気持ちや性格を表す語句」を増やすこと（知識にすること）、「性質や役割による語句のまとまりがあること」を理解することが大切だ。

「知識」にすること
様子や行動
気持ちや性格
を表す語句

「理解」すること
性質や役割による
語句のまとまりが
あること

2 光村図書三年生　上巻『きつつきの商売』

方法1　意味を調べさせて、使わせる

物語文の単元では、まず教師が教材文を範読する。

そのとき、次の指示が大切である。

指示：先生が音読します。みんなは、わからない言葉や知らない言葉に「○印」を付けておきなさい。

教師の範読中に、教科書の知らない語句の右上に○印を書き込ませる。

範読後、次の指示が考えられる。

> ○　えりすぐり
> ○　こしらえました。

> **指示A：○印を付けた言葉を、辞書で調べなさい。**
> **指示B：○印を付けた言葉の意味を、近くの人と相談してごらんなさい。**
> **指示C：○印を付けた言葉を一つだけ発表してもらいます。全員起立。**

どれもいい。Bなら知っている子が知らない子に説明したり、友達との対話から様々な予想が生まれたりする。Cなら授業の展開に活かせる語句が発表されるだろう。

Cの場合を例に取ろう。「えりすぐり」という語句が出されたと仮定する。次の授業展開が考えられる。

1指示　「えりすぐり」は、どこに書かれてありますか。

指を置きなさい（16ページ4行目）。

2指示　「きつつきは、森中の木の中から、えりすぐりの木を見つけてきて、かんばんをこしらえました」。この文を読みます。さんはい。

3指示　「えりすぐりの木」とあります。これは、良い木でしょうか、悪い木でしょうか。予想して、近くの人と相談してごらんなさい。

4　発表させる。「看板にするくらいだから、良い木だろう」などという意見が出るだろう。

5指示　「えりすぐり」を辞書で調べなさい。

6　発表させる。「良いものの中から、さらに選んだもの」などという意味が発表されるだろう。

> **7指示　何でもいいです。「えりすぐりの○○」という形で、ノートに書いてごらんなさい。**

8　書けたら持って来させる。ノートに赤鉛筆で丸を付け、黒板に書かせる。

9指示　「思いつかない人は、黒板の意見をどれか一つ写しなさい。写すのもお勉強のうちです」

10　黒板が埋まったら書いた子に読ませる。「えりすぐりのラーメン」などと出たら、「とびきり美味しいラーメンだね。食べてみたい」と意味付けしてあげる。「えりすぐりの子」などと出たら、「それは君のことだ」と返せばよい。語彙指導にはユーモアも必要だ。笑いが出ればエピソード記憶にもなる。

方法2 意味を予想させて、調べさせる

19ページに「木のうろ」という語句がある。教科書下部に「木のみきの中が、空になっているところ。」という説明書きがある。ここは次のように授業する。

1指示　教科書の下に「木のうろ」と書かれてあります。どこですか。指を置きなさい。

2指示　左に説明がありますね。その説明を一回読んだら座ります。全員起立。

3指示　（黒板に「空」と書き）これは何と読みましたか。もう一度、口々に読んでごらんなさい（「そら」と読む子もいるだろう）。

4説明　「そら」ではありません。「から」です。

5指示　「木のうろ」を予想して、ノートに絵をかきなさい。かけたら持っていらっしゃい。

6　「絵?」「わからない！　かけない！」などと騒然となるだろう。しかしヒントは与えない。ノートを持ってきた子を褒め、丸を付け、板書させる。

7　教科書同ページのQRコードをタブレット端末等で読み取らせ、「木のうろ」の画像を見せる。

8指示　「空」は別の言葉に置き換えられます。次の四角の中を平仮名で埋めてごらんなさい。

「空っ□」、「空□う」と黒板に提示する（空っぽ、空どう、である。こうして同義語を扱う）。

上記の5の展開は、次のように変えてもよい。

事前に教師が「木のうろ」の画像をA3判の用紙に印刷したり、モニター画面に表示させたりしておく。ただし、「空になっているところ」は隠しておく。子供たちに「どんな様子か」を予想させ、意見を言わせる。

以上に紹介した「えりすぐり」や「木のうろ（空）」の語彙指導は、様子を表す語句、すなわち「知識」に係る内容である。

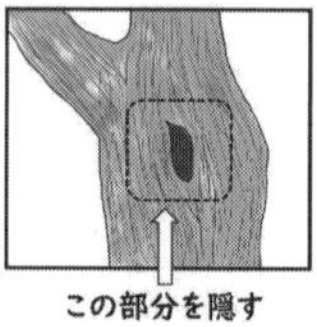

3 光村図書四年生　上巻『アップとルーズで伝える』

方法3 語句を置き換えて、文意を検討させる

四年生で大事な語句が「接続詞」である。

教科書52ページ7行目に「しかし」から始まる一文が

ある。この「しかし」を他の接続詞に置き換えて、文意が変わらないか検討させる。

1発問　「しかし」を他の言葉に置き換えます。次のABCの三つのうち、元の文と意味が違ってしまうのはどれですか（板書する）。

A：でも　　B：けれども　　C：そのため

2指示　「しかし」の部分に一つずつ当てはめて読んでごらんなさい。

3　読ませた後、どれが違うか挙手させる。

4指示　教科書に答えが書いてあります。82ページを見てごらんなさい。

「しかし」などの語句は、つなぎ言葉または接続詞と呼ぶことを教える。また、つなぎ言葉は、似た働きをする言葉（類語）や働きが異なる言葉があることも教える。

方法4　語句を集め、分類させる

文章にはアップやルーズなど、「撮り方」に関する語句が使われている。他にも「試合会場」や「伝える方法」などに関する語句もある。「意味が似ている語句」や「関係がある語句」をノートに書かせ、各グループに名前を付ける「語句を分類する授業」もよい。

とり方（伝え方）
アップ　細かい部分
ルーズ　広いはんい

サッカーの試合会場
コート
観客席
おうえん席

伝える方法
テレビ
写真
新聞

伝えるときにいる人
送り手
受け手

以上に紹介した接続詞の置き換えや語句の分類の語彙指導は、性質や役割による語句のまとまりがあること、すなわち「理解」に係る内容になるだろう。

方法5　「辞書以外のモノ」も使わせる

教材文中の「知らない語句」「わからない語句」については、すべてを辞書で引かせなくてもよい。たとえば、

今はハーフタイム（前半と後半の間の休憩中）——ホイッスル（笛の音が鳴る）と同時に——

などのように、四年生に馴染みのない語句については、範読中に意味を括弧内のように付加して読んでもよい。教師が「これは辞書で調べさせるべき」と判断する語句なら辞書を引かせる。タブレット端末等で画像などを検索させた方が一目瞭然ならば、それでもよい。当然、百科事典も可である。

語彙指導は、辞書を引かせるだけではないのだ。

〈参考文献〉『語彙力の発達とその育成―国語科学習基本語彙選定の視座から―』／井上一郎／明治図書

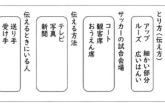

作文

【思考・判断・表現】

書く単元で「語彙力」を高める

年間を通して、作文力を高めながら語彙力を鍛える

▼岩永将大

(1) 表情が一変した！　楽しい作文指導

「今日の出来事について、作文を書きましょう。」

と指示を出すと、この世の終わりかのような声をあげるA子さん。どのクラスにも作文を書くことが苦手な児童は一人や二人はいるだろう。声をあげながらも渋々鉛筆を持ち、書き始める。

数分後。

「先生、安心の『あん』って、どう書くのですか?」

質問をするという誠意は、褒める。しかし、これに答えたら次の瞬間、質問が殺到する。そこで、書き始める前に、次のような指示を出す時もある。

> 今日は少しレベルアップするよ。
> 今回は、漢字一つにつき、「＋1」とします。この前と同じで、二〇〇文字書けたら「A」。さらに、漢字を一〇個使ったら、AA（ダブルエー）。漢字を二〇個以上使ったら、AAA（トリプルエー）とします。

声をあげていたAさんが

「先生、四七個、漢字書けました！」

と、見せに来た（図1）。漢字を書くことでポイントがアップすると思うと楽しく書けたようである。

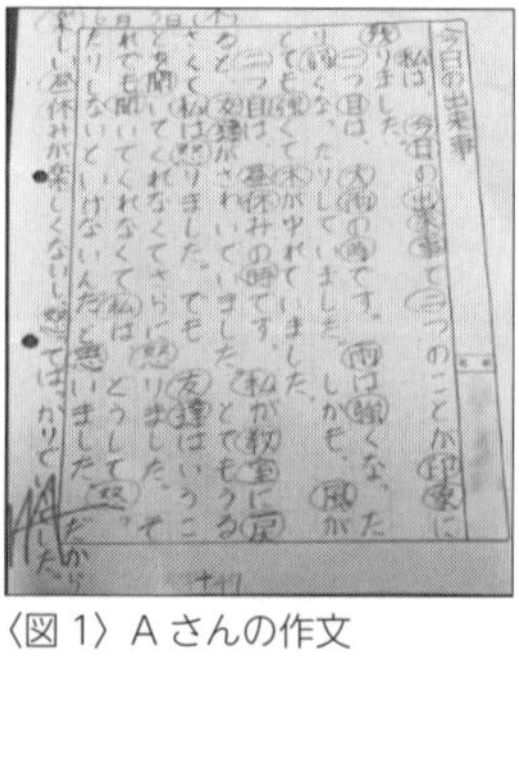
〈図1〉Aさんの作文

(2) 作文力の育成「語彙力」が育つステップ

書く単元において、子供たちに身に付けさせたい力は、第一に、一定の文量を書けるようにさせることである。とにもかくにも、書くための「耐性」を身に付けさせる。

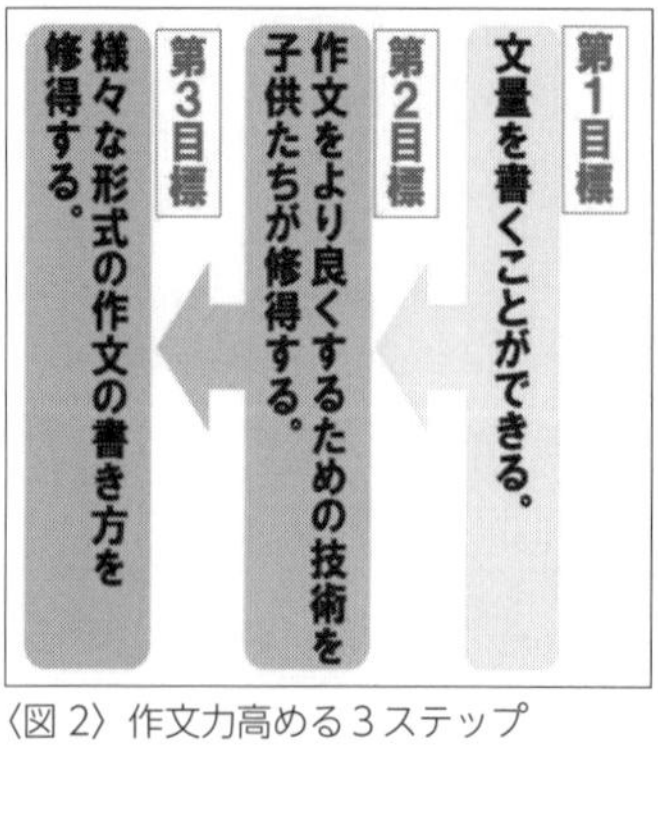
第1目標
文量を書くことができる。
第2目標
作文をより良くするための技術を子供たちが修得する。
第3目標
様々な形式の作文の書き方を修得する。
〈図2〉作文力高める3ステップ

【ステップ1】

書きながら、自然に身に付く語彙力

次の文量を目標に、学級全員が書けるようにする。

◎低学年

…一〇〇文字（原稿用紙4分の1）書ければ百点

◎中学年

…二〇〇文字（原稿用紙2分の1）書ければ百点

◎高学年

…四〇〇文字（原稿用紙1枚）書ければ百点

【ステップ2】

視写（お手本文）から身に付く語彙力

低位の子は、文章を書くことがまずもって難しい。そこで、まずは、視写から始める。

例えば、作文を書くように指示を出した後、教師も黒板に作文を書く。そして、「難しい子は、黒板を写してもいいからね」と指示を出す。まずは、写してきたことを褒める。

他にも、教科書「お礼の手紙を書こう（光村図書62～65ページ）」に作文を書くページがある。もちろん何の手立ても打たなければ、低位の子は書けない。そこで次のステップを踏む。

〈1〉何度も音読する（音楽の新曲指導に似ている）。

〈2〉教科書のコピーを渡す（濃度を一番薄くしてコピーする）。

〈3〉なぞらせる。

〈4〉ノート（またはワークシート）に写させる。

ここまでして、次のように指示をする。

指示：作文が苦手な子は、そっくりそのまま写してもよいです。その子は、A。また、得意ではないけど、頑張ってみようと思っている子。一部分だけでも自分で考えて書けたらAA（ダブルエー）。そして、全部自分で考えて書けたらAAA（トリプルエー）です。このように、質の高い文章を視写する中で、良い言葉に出会ったり、上手な表現方法を見つけたりしていく。『言葉』を体得していくためにはとても大切なステップである。

第二に、文をよりよくするための作文技術を教えていく。

【ステップ3】

作文技術習得とともに語彙力アップ

ここからは＋αの部分であるが、例えば、段落分け、会話文などの技術を月に一つ程度教えたい。年間を通じて、次の十一個の技術を子供たちに教える。

〈1〉習った漢字が使われているか。
〈2〉段落が分かれているか。
〈3〉会話文が入っているか。
〈4〉主語と述語があるか。（対応しているか。）
〈5〉一文が短く書かれているか。
〈6〉常体と敬体の混同がないか。
〈7〉接続詞が使われているか。
〈8〉書き出しが惹きつける文になっているか。
〈9〉一つの場面を切り取って、詳しく書けているか。
〈10〉レトリックを使うことができているか。
〈11〉印象的で余韻のあるしめくくりになっているか。

このように技術を教える中で、「段落」「会話文」「主語と述語」といった、「文章技術についての語彙」をきちんと意識させ、使わせていきたい。

第三に、様々な作文形式を修得させる。

【ステップ4】

作文形式で書きながら、考えや気持ちを伝える語彙を習得する

〈1〉日記の書き方　〈2〉論説文や意見文の型
〈3〉生活作文の型　〈4〉手紙の書き方
〈5〉一字題一行詩　〈6〉年賀状・礼状の書き方
〈7〉記録文の書き方　〈8〉原稿用紙の正しい書き方
〈9〉記録文の書き方　〈10〉文集・寄せ書きの書き方
〈11〉社会科新聞、学級新聞の書き方

それぞれの作文形式で書かせる際には、習った漢字や教科書の巻末の「語彙」（光村「言葉のたから箱」）を意識して、使わせていく。

(3) 書く力（かつ語彙力）が高まる年間指導計画

語彙力を高め、作文力をアップさせるための年間指導計画である。月ごとに二つのポイントで取り組む。

4月	●常体と敬体を混合させないで書く ★日記の書き方	【到達目標】 ●常体と敬体を混同させないで文を書くことができる。 ★1日も休むことなく、毎日日記を書くことができる。
5月	★習った漢字を使って書く ★生活作文の型	【到達目標】 ★習った漢字を使って、文章を書くことができる。 ★作文の型を身に付け、200字原稿用紙の最後の行まで作文を書くことができる。
6月	●段落を分けて書く ★記録文	【到達目標】 ●段落を分けて書くことができる。 ★記録文は分かりやすさを第一とする。要点を絞って、必要事項を、順序よく、箇条書きで書くことができる。
7月	●会話文を使って書く ★原稿用紙を正しく使う （書式・文末の統一）	【到達目標】 ●会話文を使って書くことができる。 ★原稿用紙の使い方を正確にする。文末を統一して、正しく原稿用紙に文章を綴ることができる。
9月	●主語と述語を対応させて書く	【到達目標】 ●主語と述語を対応させて書くことができる。
10月	●書き出しを工夫して書く ★社会科新聞や学級新聞の型	【到達目標】 ●作文は書き出しで変わる。絵になる言葉や動きのある文を使って、読み手を引きつける書き出しの文を書くことができる。 ★学習のまとめを、図やイラストを入れ、個性的に書くことができる。
11月	●一文を短く書く ★手紙文	【到達目標】 ●無駄な言葉の入った文は分かりにくい。文を短く簡潔にするために言葉を削り、一文一義の文を書くことができる。 ★手紙の記し方には書式がある。書き出し・結びや季節の挨拶の決まりを使って、簡単な手紙を書くことができる。
12月	●しめくくりを工夫して書く ★年賀状・礼状	【到達目標】 ●作文の最後を引き締める。全体を象徴する言葉や疑問型等を使って、印象的で余韻のあるしめくくりの文を書くことができる。 ★お世話になった方への葉書・手紙にも書式がある。適切な挨拶・言葉遣いで、心のこもった便りを記すことができる。
1月	●接続詞を使って書く ★一字題一行詩	【到達目標】 ●接続語を使うと、文相互の関係が明確になる。できるだけ接続語を使って、文のつながりの分かりやすい文章を書くことができる。 ★全員が一字題一行詩を書くことができる。
2月	●くわしく長く書く ★意見文や論説文の型	【到達目標】 ●一つのことを詳しく長く書くには方法がある。形容詞や会話文を付加したり、自分の考えに理由を詳しく付加したりして長く書くことができる。 ★自分の主張を分かりやすく伝えるために、事実・意見・感想を区別して書くことができる。
3月	●言葉の飾りを使って書く （比喩・擬人法） ★文集・寄せ書き	【到達目標】 ●比喩を使うと表現が多様になる。読み手が分かりやすくイメージできるような、適切な比喩表現を選択することができる。 ★学校や学級で、文集や色紙に文を書く。時と場に応じて、書き方や内容を上手に選んで自分らしさを表現することができる。

「へんとつくり」

【知識・技能】

「言語」単元で「語彙力」を高める三つの「使える」がポイントである

▼中川貴如

「言語」単元では、三つの「使える」を、子供たちが獲得することで、「語彙力」を高めることができる。

1使える見方　2使える言葉　3使える実感

1 「使える見方」を知る

「国語三上わかば」（光村教育図書）から「へんとつくり」122〜123ページの授業実践例を紹介する。

（1）「左右に分けられる漢字がある」ことを知る

教科書の一文目は、以下である。

漢字には、右と左の二つの部分に分けられるものがあります。

この一文を読んでも、意味を理解できない子がいる。そこで、一度範読した後、次のようにする。

一：一文目の漢字の「漢」を取り上げ板書する。
二：教師が「漢」の右側と左側をそれぞれ□で囲みながら、一文目を読み上げる。

漢

本文を視覚的にイメージできるようにした。更に続ける。

今読んだ一文の中に、もう一つ「右と左の二つの部分に分けられる漢字」があります。どの漢字ですか。指を置いてごらんなさい。

部分の「部」である。わからない子もいるはずだ。そこで、隣の人と確認させる。これで、見つけることができる。全員で答えを言わせ、「よく見つけましたね！　今日の勉強の半分がもうできたようなものです！」と力強く褒める。

導入の些細な場面だが、子供たちの学習の足場を揃え、次の段階に進む大事な押さえである。

次に、教科書では、左右がばらばらに配置された四組の漢字が提示されている。これらの組み合わせを見つけさせる。しかし、大人なら意図を読み取れるが、意味がわからない子も必ずいる。混乱を避けるため、次のように進める。

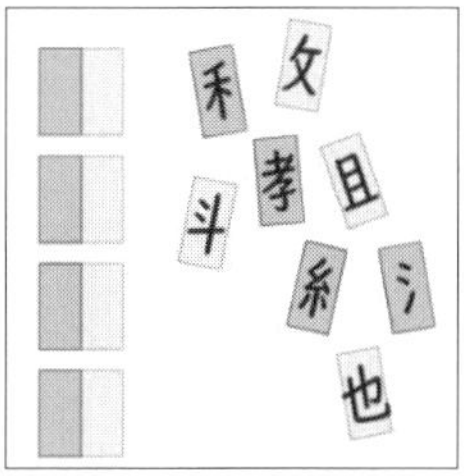

青色の□と黄色の□のペアで一文字になります。でも、見ての通りバラバラです。ペアを見つけ漢字を作ります。左側の青い枠に、漢字を入れてしまいます（左図のように教科書への書き込みを提示し、子供たちにも写させる）。

青色の枠が確定すること、子供たちは、黄色の「つくり」を当てはめることに集中できる。

漢字には「左」「右」に分けられるものがあることを「知る」場面である。迷わせる必要はない。簡単に扱えばよい。

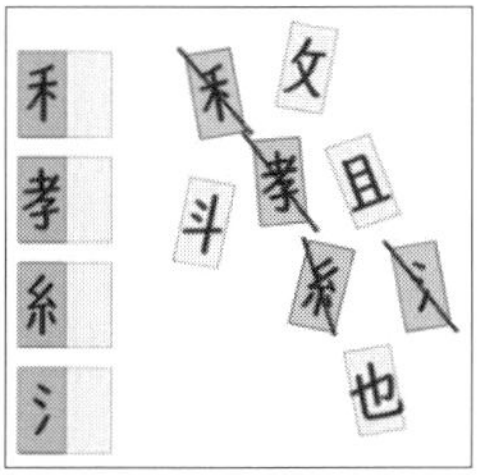

(2)「へんの定義や表す意味」を知る

続いて、「へん」と「へんは大まかな意味を表す」ことを知る場面となる。ここも、基本的には教科書を読めばよい。ただし、読んだ後の確認が大事である。

例えば、次のように問答する。

一：四つの漢字。それぞれ左右二つに分けられますね。左側を青鉛筆で囲みなさい。
二：漢字の左側にあって、大まかな意味を表す部分を何と言いますか。ひらがな二文字です。
三：「へん」とは何ですか（定義を問う）。
四：「言」は何へんですか（ごんべん）。
五：「ごんべん」は、何に関係がある漢字が多いのでしたか（言葉に関係のある漢字）。
六：本当に言葉に関係あるか、確かめます。「語」「詩」「調」「話」が付く言葉を、班で出し合いなさい。

六で、四つの漢字に関連する言葉を出させる。ここが重要である。「言葉」に関係のある漢字が多いことを確認する。例題なので、口頭で簡単に扱う。

2「使える言葉」を増やす

「きへん・にんべん・さんずい」のついた漢字は、それぞれ何に関係があるでしょう。

教科書の練習問題である。

（1）一人一台端末を活用したグループでの協働

例えば、子供を三つの班に分ける。一班は「きへん」、二班は「にんべん」、三班は「さんずい」を考えさせる。手順は以下の通り。

①「〜へん」の漢字を書き出す。
②何に関係がある漢字が多いか予想を立てる。
③〜に関係があると思う漢字を○で囲む。

一人一台端末で行うと作業が早い。また、画面の共有も簡単である。写真は、GoogleのJamboardを活用している。

発表の際は、次のようなフォーマットを与える。

1班は、**きへん**の漢字を調べました。「**林・村・柱・校…**」が見つかりました。「**林・柱・植・板**」から、**木**に関係がある漢字が多いと考えました。

太字の部分を変えれば、どの班も発表できる。

（2）「使える言葉」を増やす調べ学習

ところで、三年生の「へんとつくり」の学習までに習う「三つのへん」の漢字は意外と少ない。

きへん8　にんべん6　さんずい11

せっかくなので、もう少しそれぞれの「へん」の漢字を出させたい。インターネット検索を行う。検索キーワードは「〜へん」だけでよいだろう。おすすめは、「漢字ペディア」である。漢字の読み、意味、成り立ち、その漢字を使った言葉などの情報が手に入る。

調べてわかった漢字を写す際に、一つだけ注意点を伝えておく。

自分が使えそうな漢字だけを写すこと。

意味のわからない漢字を写しても、使える言葉にならない。「自分が使えそうなもの」に限定するから、使える言葉が増えていくのである。他の語彙指導にも転用可能な大事なポイントである。

(3) 漢字の成り立ちでさらに納得

「使える言葉」としての定着には、納得が必要である。例えば、「きへん」の「柱」という漢字で、今の子供たちが想像するのは、コンクリートの電柱である。昔の電柱の写真を見せたり、木造の家などを見せ、柱を見つけさせたりすることで、納得するだろう。

また、一見関係なさそうな字も追求させたい。例えば、「様」なども木に関係していることがわかる。「相」は「きへん」ではなく「目」が部首になる。知的な学習になり、印象に残りやすい。「にんべん」の「何」、さんずいの「決」なども扱いたい。

3 「使える実感」を得る

今まで習った漢字で、左右二つの部分に分けられる漢字に丸をしなさい。

今まで見えていた漢字の見え方が変わる。左右二つの部分に分けられる漢字が次々と見つかる。すると、子供たちは、次の興味を持つ。

これは、何という「へん」なのだろう?

新しい「へん」への興味が出てくる。この意欲を家庭学習につなげる。その際、授業で行った「2の(1)の三つのステップ」で調べさせるとよい。

調べてきた「へん」は、学級で紹介し、掲示するなどしたい。漢字には、たくさんの「へん」があり、何に関係する漢字かを次々と覚えていく。使える「へん」が増えることで、読めない漢字があっても、意味を予想できることを実感するだろう。

〈参考HP〉・漢字ペディア https://www.kanjipedia.jp/

「もっと知りたい、友だちのこと」

【思考・判断・表現】話す・聞く単元の学習ガイド
一番大切な言語活動を第一時に体験させる

▼加藤雅成

1 学習の進め方

教科書の基本的な構造

「話す・聞く」の単元では、「学習のすすめ方」は次のようになっている。

「●たしかめよう」
「●学習のすすめ方」
「●ふりかえろう」

の大きく三つに分かれている。

「●学習のすすめ方」では、最初が、「決めよう　あつめよう」となっている。だが、重要な言語活動は、第一時のうちに体験させておきたい。これは、どの「話す・聞く」単元にも応用できる考え方である。

そこで、光村図書三年上「もっと知りたい、友だちのこと」を例に授業プランを示す。

●たしかめよう
「二年生の学びをたしかめよう」

●学習のすすめ方

決めよう　あつめよう	①友だちに知らせたいことを決める。
じゅんびしよう	②しつもんや、話の聞き方について整理する。
話そう　聞こう	③話を聞いて、しつもんする。
つなげよう	④友だちの話で心にのこったことをつたえ合う。

●ふりかえろう

たいせつ　話を聞いて、質問する。
・話す人の方を見ながら聞く。
・話のないようや、自分が知りたいことをはっきりさせる。
・知りたいことについて、どのようにしつもんするとよいかを考える。

2 もっと知りたい、友だちのこと（光村図書）

重要な言語活動を体験させる。

本単元は「話を聞いてしつもんする」ことが重要な学習内容である。そこで、教師の話（スピーチ）を聞かせ、質問を考えさせるという組み立てで授業を進めた。

指示1：簡単なスピーチをします。質問を考えながら聞きます。

説明1：先生が楽しかった思い出は沖縄に行ったことです。沖縄は気温がちょうどよくすごしやすかったです。沖縄では買い物をしたり、海にもぐったりしました。もう一度、行きたいです。これで終わります。

指示2：どんな質問を考えましたか。ノートに箇条書きをしなさい。一つ書けたら立って発表しなさい。

質問を書けた子に発表させることで、質問が思い浮かばない子への手助けとなる。

指示3：三つ書けた人は持ってきなさい（ノートに丸を付け、黒板に質問をたくさん板書させる）。

指示4：黒板に書いた質問を読みなさい。

指示5：質問には種類があります。教科書41ページから質問の種類を探して指を置きなさい。

指示6：先生の後に読みなさい（教科書の音読）。

指示7：「いつ、どこで」などを①、「どのように」を②、「なぜ」を③と、教科書の表に書きなさい。

指示8：自分の質問を分類します。①、②、③と書きなさい。分類しなさい（自分のノートに番号を書かせる）。

指示9：自分で思いつかなかった質問の種類を考えて、ノートに書きなさい。

次の時間からは、教科書のイラストなどを参考にしながら、話す内容を考えて話し合いの学習に取り組む。

「きつつきの商売」

【思考・判断・表現】

中学年「読む」単元の「学習ガイド」ページの見方・考え方

教科書の構造を理解し、単元全体像を把握する

▼利田勇樹

学習の進め方

（1）中学年で身に付けさせる「見方・考え方」

中学年の「読む」単元は、「説明する文章」と「物語」の二つに分かれている。各教科書会社の最初のページ（目次の次の次のページ）に「○年生で学習すること」に指導事項が載っている。以下、教材名の上に、指導事項を示す。

●説明する文章
①段落・問い「こまを楽しむ」（三年上）
②キャッチコピー「ポスターを読もう」（三年上）
③対比「アップとルーズで伝える」（四年上）
④要約「ウナギのなぞを追って」（四年下）
●物語・詩
①場面「きつつきの商売」（三年上）
②会話文・地の文「ちいちゃんのかげおくり」（三年下）
③語り手「モチモチの木」（三年下）
④設定「一つの花」（四年上）
⑤情景「ごんぎつね」（四年下）

何の指導事項を教えるのか。教師が、学習ガイドを読み解き、指導の系統的なイメージを俯瞰する必要がある。

（2）学習ガイドページをもとに授業を作る

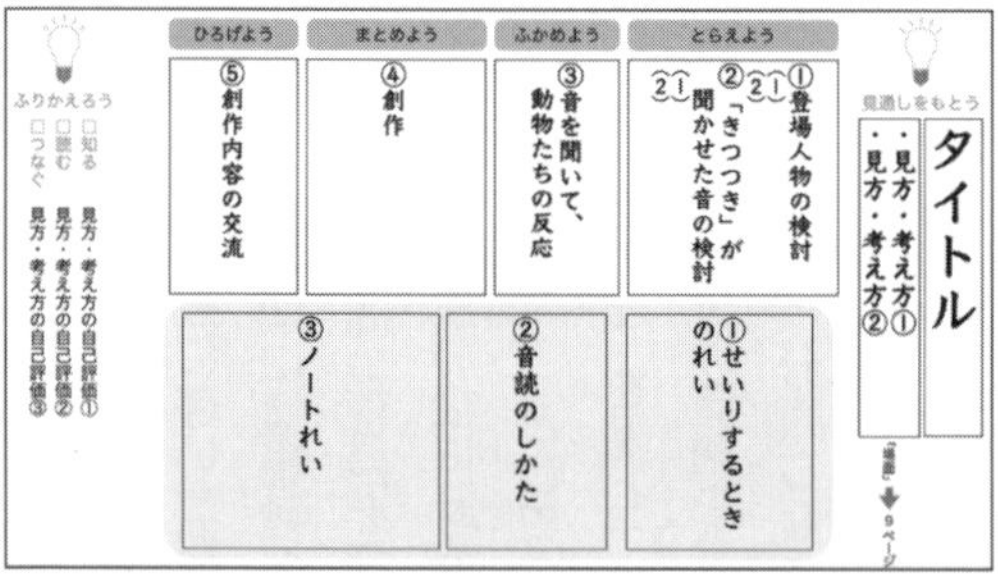

「きつつきの商売」（光村図書）を例に考える。タイトルは、「読んで、そうぞうしたことを伝え合おう」である。次に、この単元の具体的な指導事項は次の二つである。

①「場面のようすを思いうかべながら、音読しましょう」

②「登場人物のしたことや言ったことなどから、気持ちを考えましょう」

二つの指導事項に迫るため

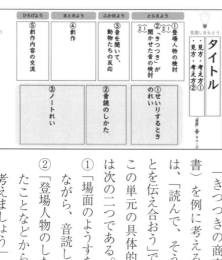

の発問・指示を紹介する。例えば**「とらえよう」**。

「(2) それぞれの場面について、書かれているようすを思いうかべながら音読しましょう」では、次のように指示する。

> **指示：ついて読みます（様々なバリエーションで音読）。**

②(1)「何の音か」では、次のように指示する。

> **指示：「〜の音」という書き方で、できるだけたくさんノートに箇条書きにしなさい。**

②(2)「どんな音か」では、次のように指示する。

> **指示：①は、どんな音か。想像したことを言ってごらん（本文に根拠を持たせたい。②③④も同様）。**

〈教師の解（教材研究として）〉

❶できたての音→書いていないから、分からない。

❷すてきないい音→書いていないから、分からない。

❸ぶなの音→本文の言葉を根拠にしていれば、何を書いても正解（例「コーンとこだまする音」）

❹今日だけ特別な音（雨の音、そこら中のいろんな音、とくべつメニューの雨の音）→本文の言葉を根拠にしていれば、何を書いても正解（どれも褒める）

「ふかめよう」

> **発問：「❸ぶなの音」「❹今日だけのとくべつな音」どちらがすてきな音だと想像しますか。理由をノートに書きなさい（したことを表す言葉・言ったことを表す言葉・気持ちを表す言葉を根拠に）。**

とらえよう

① 「きつつきの商売」という物語は、「1」と「2」の二つの場面に分かれています。

(1) それぞれの場面の登場人物や、書かれているようすをせいりしましょう。

(2) それぞれの場面について、書かれているようすを思い浮かべながら音読しましょう。

② 「きつつき」が聞かせた音について、書かれていることをもとにそうぞうしましょう。

(1) 何の音か。

(2) どんな音か。

「仕事のくふう、見つけたよ」

「書く」単元の「学習ガイド」の見方・考え方
～教科書を読み解き、指導すべきことを明確にせよ～

▼中川聡一郎

1 教科書を読み解こう

「書く」単元の教科書には、作品（原稿）完成までの四つのステップが明記してある。学習指導要領の「書くこと」の学習過程と対応している。また、単元ごとに重点的に指導したいステップが白塗りや塗りつぶしなどによって明確にされているため、指導の中心が分かりやすい。光村図書の場合は、「●たしかめよう」にこれまでの学習との関連が示されている。中学年に学習する各単元の重点指導ポイントや前後の学習の関連をまとめたのが以下の表だ。

教科書のステップ	学習指導要領「書くこと」学習過程
①決めよう 集めよう	題材の設定・内容の収集 内容の検討
⇦ ②組み立てよう	構成の検討
⇦ ③書こう	考えの形成・記述・推敲
⇦ ④つなげよう	共有

中学年「書く」単元 重点指導ポイント＆学習の系統（光村３上下・４上下）

学年	学習指導要領「書くこと」学習過程	題材の設定　情報の収集　内容の検討	構成の検討	考えの形成　記述	推敲	共有
	「学習ガイド」ページのまとまり	決めよう・集めよう	組み立てよう	書こう		つなげよう
三年生	案内の手紙を書く【気もちをこめて「来てください」】	相手を決定 伝える内容の列挙 伝える内容の整理	集めたことを順序よくならべる（２年生の学び）		読みやすい字 言葉遣い	
三年生	組み立てを考えて、報告する文を書く【仕事のくふう、見つけたよ】	短い言葉や文でメモし、書きたいことをはっきりさせる（２年生の学び）	まとまりに分ける 事実と考えの区別	引用の仕方（引用するとき）		感想 ・分かりやすい ・知らなかった
三年生	例を挙げて書く【食べ物のひみつを教えます】 関連：【読む・説明文】すがたをかえる大豆 →			段落分けをする 例を挙げる		思ったことを伝える（２年生の学び）
三年生	物語の組み立てを考えて書く【たから島のぼうけん】 関連：【読む・物語文】三年とうげ →		起承転結		間違いや読みにくいところを直す（３上までの学び）	感想 ・おもしろい ・まねしたい
三年生	感想を伝え合う【これがわたしのお気に入り】	思い出して書くことを決める 短い言葉や文でメモし、書きたいことをはっきりさせる（２年生の学び）	伝えたいことを内容のまとまりごとに分ける（３上までの学び）	理由を明確にする		感想 ・分かりやすい ・伝わってきた
四年生	手紙で気持ちを伝える【お礼の気持ちを伝えよう】	友達と話し内容を決める（３年生の学び）	手紙の型		誤字脱字 言葉遣い	
四年生	事実を分かりやすく伝える【新聞を作ろう】	新聞の特徴を知る 新聞のテーマ設定 役割分担・取材	わりつけを考える	中心となる語や文を見つける（要約するとき）	間違いや読みにくいところを直す（３年生の学び）	感想を知ると、内容や書き方のよいところがわかる（３年生の学び）
四年生	理由や例を挙げて考えを伝える【伝統工芸のよさを伝えよう】 関連：【読む・説明文】世界にほこる和紙 →			理由や例を挙げて書く ↓		
四年生	読み返して、書いたものを整える【感動を言葉に】	短い言葉や文でメモし、中心を明らかにする（４上までの学び）			気持ちが伝わる言葉で	
四年生	文章の感想を伝え合う【もしものときにそなえよう】 関連：【書く】伝統工芸のよさを伝えよう		はじめ・中・終わり（４上までの学び）	理由や例を挙げて書く		感想・質問 ・納得した ・わかりやすい

■：各単元の重点指導ポイント

2 教科書を使った教材研究のコツ

単元計画を考える際には、次の三つを押さえたい。

①たしかめよう…以前の学習の何を活用するのか。
②学習のすすめ方…どのような流れで進めるのか。
③ふりかえろう…単元で何を身に付けさせるか。

①「たしかめよう」には、単元の中で使える既習事項を明確にする役割がある。既習事項とのつながりを意識することで、系統性が担保される。

②「学習のすすめ方」を見れば、大まかな流れが分かる。教科書の本文や作例、メモ例などを見ながら、発問・指示を考える。例えば、書き方の工夫を押さえる場面。次のように指示を出すと授業が活動的になる。

例文のよいところをノートに箇条書きにしなさい。

③「ふりかえろう」は「知識・技能」「思考・判断・表現」「主体的に学習に取り組む態度」と関連している。ここで問われることは確実に授業で扱いたい。

《教材研究例》「仕事のくふう、見つけたよ」（光村・三上）

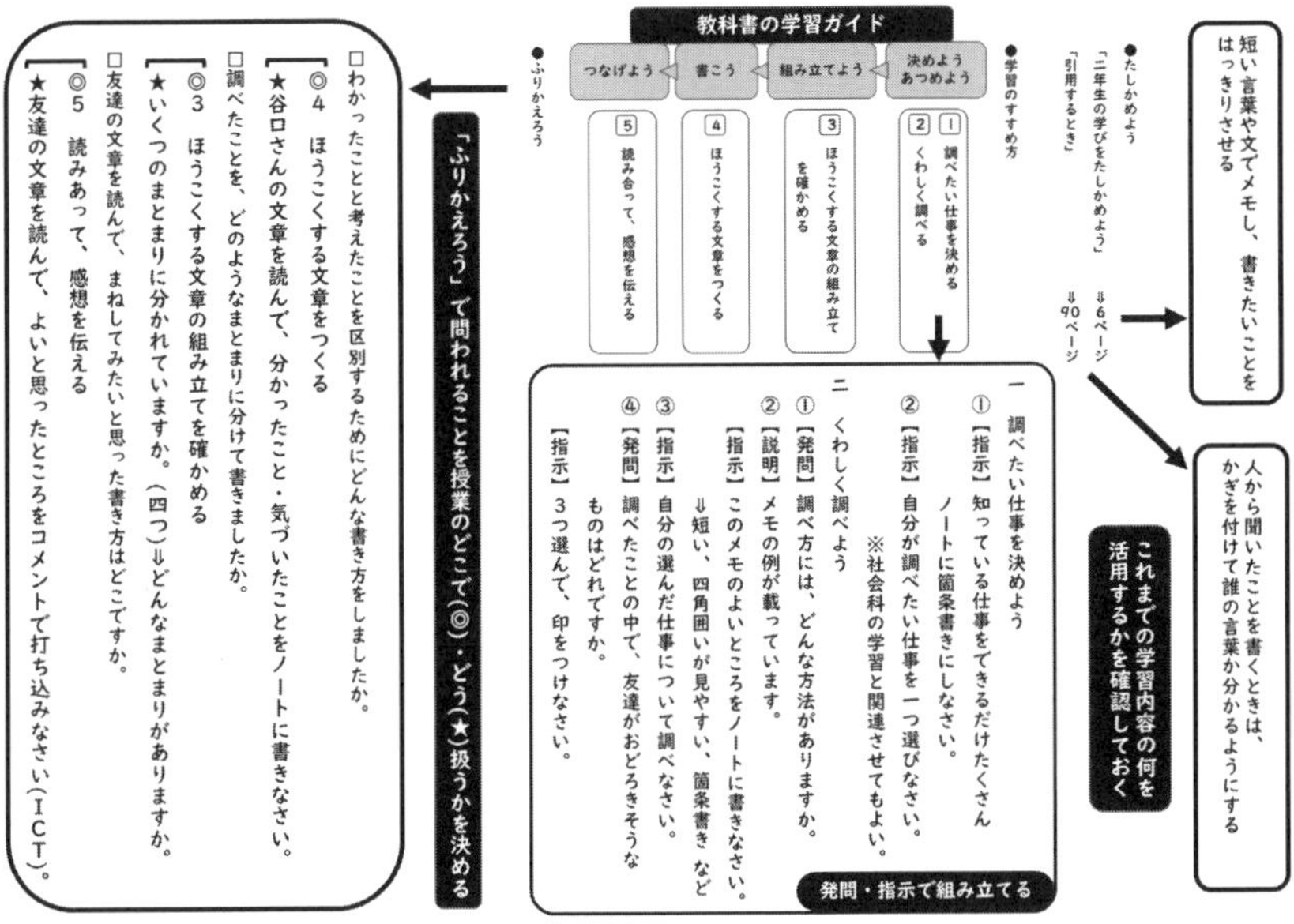

「春の楽しみ」

【知識・技能】

「言語」の学習ページ使い方ガイド 三・四年生きせつの言葉　春〜冬

▼村上　諒

1 学習ページがそもそもないのに、授業が難しいページ

初任の時、一番困ったのが「きせつの言葉」のページである。勤務校の二年目までの若手五名に聞いたところ「指導方法がわからない」と言われたのも、やはりこのページであった。光村図書には、一年生を除くすべての学年に春夏秋冬の季節の言葉の学習が入っている。しかし、学習ページが存在しない。そこで授業展開例を作った。

まずは三年生と四年生の春夏秋冬計八つ分すべての教科書を分析することから始めることにした。教科書を分析し、学習ページの見取図としたい。

2 教科書をもとに指示・発問例

【三年生のきせつの言葉のページ編】

二年生までは、感じたことを中心に季節を表すというつくりになっているが、三年生では、季節に関する言葉を使って、語彙を増やすことが目的となる。

詩も季節に関するものが多いが、色彩など五感で感じやすい題材の詩がどの季節でも掲載されている。例えば、次のような授業展開例が考えられる。

右
左
季節に関する
詩
イラスト・語彙
生活の中で その季節を感じた 事例などを
書いてみよう
という例示
季節に関する
食べ物
文化
風習など
の例示
季節に関する
食べ物
文化
風習
イラスト
など
の例示と説明

発問・説明：春といえば、何ですか。例えば、桜です。
指示：ノートにできるだけたくさん箇条書きしましょう。

ノートに書かずパソコンを用いて、それを共有することも考えられる（※Jamboard の付箋で共有など）。

発問：その中で一番春らしいと感じるものは何ですか。

指示：選んだら、発表します。

一番を選ばせ発表させることで、その後の春らしさを感じたものを書かせるパーツに繋がる（※難しい場合は、「春のイメージは黄色かピンクか」のように教師が選択肢を与えてイメージを膨らませてもよい）。

【四年生のきせつの言葉のページ編】

四年生では、季節を細分化し、①三月から、十二月という括りを教えるということや、②季節ごとの行事をもとにそれぞれの季節を考えることが求められる。

行事は、経験がない子も多い。事前に図書館指導の単元があるので、日本の行事について触れる機会を作っておきたい。また、三年生の社会科で習ったことを思い出させることで、補っていきたい。

右
その月ごとの
年中行事
イラスト
・語彙
季節の行事と
その説明を
書いてみよう
という例示
季節に関する
食べ物
文化・行事
風習など
に関する俳句
左
その月ごとの
年中行事
イラスト
・語彙
季節に関する
食べ物
文化・行事
風習など
に関する俳句

以下「春の楽しみ」の授業展開例である。

説明：三月はひな人形と関係します。
指示：三月に関係する言葉を線で結びましょう。
指示：四月、五月も同じように結びましょう。
発問：「空をいく一かたまりの花吹雪」は何月ですか。

作業をさせた後は俳句を扱い、何月のことかを検討する。「三月満開の桜・四月散りゆく桜・五月ほとんどが散っている桜」など解釈が分かれるだろう。

3 きせつの言葉の系統性

きせつの言葉の中学年の系統性は、次のようになる。

共通：語句・詩や俳句などの音読、イメージを広げる
三年生：季節ごとのイメージを問う
四年生：それぞれの月と、行事の関係を問う

学年が上がるごとに、季節についての捉えさせたい語句の範囲が広がっていることを理解して指導にあたりたい。

「よく聞いて、じこしょうかい」

【知識・技能／思考・判断・表現】

アプリで基礎学力づくり―国語の学力は多岐にわたる。ポイントは熱中するアプリを使用すること

▼村上 諒

1 国語の基礎学力とは何か

勤務校では度々、こんな話を聞く。

> **「全国学力状況調査の国語の結果、全国平均を下回っています。この学校の児童の弱みをあげてください」**

そして、毎年出ることが「基礎学力が低下している。すぐに対策をしましょう」。対策をしようにも、基礎学力とは何かが定義をされていない。よって、毎年同じことの繰り返しとなっている。ちなみに、文科省は次のように定義をしている。

> **主に学校教育を通じて修得される基礎的な知的能力**

つまり、学校で（教師が）教えたことによって児童が習得することとの正体が基礎学力なのだ。そもそも国語科における基礎学力とは何か。国語は領域が様々にまたがる。よって、筆者が定義をしてみた。

2 国語の基礎学力は七つの分野で

この定義にそって、七つの分野で基礎学力をまとめることができる。

> **①音読の基礎**
> **②聞き取りの基礎**
> **③話し方の基礎**
> **④漢字の基礎**
> **⑤書くことの基礎**
> **⑥語彙の基礎**
> **⑦読み方の基礎**

学級の実態により、基礎学力の課題となるところは様々

国語の基礎学力

①初見の文章でも、スラスラと読むことができる
②教師や児童の発表を聞き、メモが取れる
③相手に伝わりやすい速さを考えて話ができる
④漢字の覚え方や、ミニテストの勉強を自分でできる
⑤書くときは、はじめ・中・おわりと構成を考えることができる
⑥知らない語彙や表現方法があった時に自分で調べることができる
⑦物語・説明文それぞれのつくりがわかる

あるだろうが、この七つの基礎が、概ね課題となることが多いのではないか。

❸「話す・聞くで役立つアプリ」

光村図書の三年生では、話す・聞く単元は次のものがある。

> ①よく聞いて、じこしょうかい
> ②もっと知りたい、友だちのこと
> ③山小屋で三日間すごすなら
> ④はんで意見をまとめよう
> ⑤わたしたちの学校じまん

多くの単元で、このように話す・聞く単元があるので、話し方の基礎学力をつけるアプリを紹介する。

「Audio Recorder（話す・聞くの基礎学力）」

このアプリは、クロームブックを学習端末として使う方におすすめのアプリである。ボイスレコーダーだ。グーグルクラスルームにリンク先を貼り付けて拡張機能としてダウンロードをさせるとすぐに使用ができる。三年生では、「大事なことを聞き漏らさない」ということが大切である。

子供たちには、単元の内容ごとの目的によってボイスレコーダーの使わせ方を変えることもできる。教科書の具体例をもとに、次から考える。

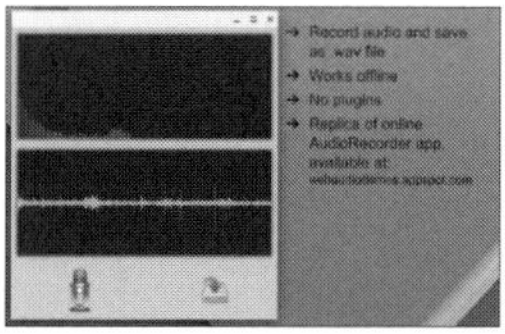

①「よく聞いて、じこしょうかい」で使えるトレーニング

この単元は四月の自己紹介単元だ。よって、アプリの起動操作に慣れることも目的としている。

> **指示：ボイスレコーダーを起動します。**
> **指示：好きなものを相手に聞こえやすく録音しましょう。**

この後にこんな発問をしてみるとよい。

> **指示：イヤホンをつけましょう**
> **発問：一番聞きやすい人は誰か選びましょう。**
> **指示：選んだら、ノートに〇〇さんです。なぜなら～だからです。と書きましょう。**

意見を書かせることで、書く力の基礎学力を上げることにも繋がる。児童から「もう一度録音してもいいですか」と聞かれたら、時間をとるのもよいだろう。

②「わたしたちの学校じまん」で使えるトレーニング

この単元は、二年生に向けて学校紹介をする単元である。よって、ただのスピーチではない。

指示：二年生に伝わりやすい声で録音します。
発問：班で聞き合い検討しましょう。

三年生の最終単元である。子供同士で聞き合う経験を通して、いつの間にか「話す・聞く」ことの基礎学力トレーニングにつながる流れである。

4「漢字の学習で役立つアプリ」

新・筆順辞典（漢字の筆順を調べる基礎学力）

教師をしていると、次のような話をよく聞く。

「この漢字書けるけど、筆順わからないです」

一人一台端末になり、こうした個々の課題となる点を補強するアプリも活用できるようになった。いくら漢字が書けていても、書き順を知らなければ、基礎学力があるとは言えないだろう。個々に教師一人で対応するのは難しいものだ。そこでおすすめなのが「新・筆順辞典」である。授業の流れは次のように導入できる。

四年生になると、「飛」という漢字を習う。字形や筆順が非常に難しい。

導入は、原実践向山洋一氏より

指示：空書きをします。指を出して「山」。
指示：空書き「川」（ここまではよくできる）。
指示：空書き「飛」さんはい。

子供たちは、筆順に困るだろう。五年生でやっても熱中する漢字の筆順の導入の指導だ。そこで、漢字スキルに立ち返ってもよいが「新・筆順辞典で、今のように筆順に自信がない字を十五分間調べてごらんなさい」のように指示をすると、子供たちは熱中することと思う。アプリを使用する利点は次の点である。

①手書きで検索ができる。
②筆順がビジュアルである。
③なぞり書きの練習が何度もできる。
④筆順テストがある。

楽しみながら、習熟できるシステムということだ。

筆順
なぞり
確認
練習

クリップボード
手書き検索
キーボード
消す

5「語彙の学習で役立つアプリ」

基礎学力の育成で重要なこと、それは語彙を増やすことである。国語教科書や辞書引きなどを行うだけでも十分力はつくが、学習アプリだとゲーム感覚でできる。

「単語パズル（語彙を増やす基礎学力）」

単語ができるように繋ぐという単純なルールではあるが、子供たちが熱中する。そこで知った語彙をグーグルスライドで共有し、単語辞典を作るなどの方法もある。このアプリのよさは、ゲーム性の高さだ。

単
語
パ
ズ
ル

このアプリの特徴は次のものである。

①ビジュアルでゲーム性が高い。
②二文字→三文字のように音数が変化する。
③辞書よりハードルが低い。

終わったあとは、辞典をグーグルスライドで作成すると熱中する（児童名は仮名）。

レベル3
えき
きり
きりえ
りえき
すばらしい

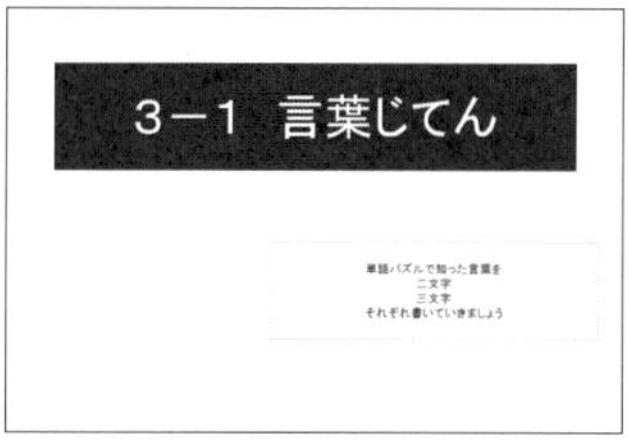
3－1　言葉じてん
単語パズルで知った言葉を
二文字
三文字
それぞれ書いていきましょう

27番　まぐち　ひさこ
二文字　えき
三文字　りえき

即時フィードバックでやる気に繋がる。

慣用句

【知識・技能】

四年基礎学力づくりのアプリ紹介
基礎学力のうち、「慣用句」の学習に限定し、アプリ活用を紹介する

▼大川雅也

テーマに、「基礎学力づくり」とある。

「基礎学力」というと、範囲が広い。国語の教科書に掲載されている活動が全て、「基礎学力」に関わっていると言える。

範囲を限定したい。そこで、本書の他の執筆者が記していない、「我が国の言語文化に関する事項」の「慣用句」に限定した。「慣用句」の学習とは、「慣用句」の意味を知り、使う学習のことである。

1 口を使った例文を考える

向山洋一氏が、四年生に行った「口を使った慣用句」の授業がある（学級通信「アチャラ」No.62　1982年9月20日）。

> 私は「口」を使った慣用句、例文をいくつか言わせた。
> そして、ノートにいっぱい書くことを指示した。

向山学級では、「①口が悪い」から「口車に乗る」まで、二十八の例文が集まった。全て板書されていると推定できる。

この後、向山氏は、「二つか三つのグループに分けなさい」とグループごとの話し合いを指示。

「A…口をさす　B…口以外のものをさす」の二つに分けるという意見が多く出た。

この基準で、全員が分けていった。

子供たちが分けた後に、向山氏が次のように言う。

> 「口がかたいとあります。では、かたい口をしてください。」
> 「口が重いとあります。重い口を見せてください」
> 中にやっている子もいたが、「できない」と多くの子は言った。ここでチャイムであった。

この後の授業は学級通信に記されていない。

しかし、おそらく、例文全てが、Bの「口以外のものをさす」となっただろう。「口」に別の言葉が合わさって、「口以外」の意味になった。これが、慣用句である。ノートとGoogleスライドを組み合わせて、この授業を追試する。

2 前半：ノートを使って、分類する

まず、教師はあらかじめ、Googleスライド上に、T字型の線を引く。

二つに仲間分けするためだ。

ここまでが授業準備である。


前半は、原実践と同じく、ノートを使う。

後半に、端末を使う。

つまり、オフラインの場面（ノート作業）と、オンラインの場面（端末を使った作業）がある。

〔前半ーオフライン（ノートを使った作業）〕
発問：口を使った文を、できるだけたくさんノートに書きなさい。

（「例えば何ですか」と指名。一名あるいは数名を指名する。例示となる）。
指示：十個書けたら持ってきなさい（教師が赤で一つ丸をつける。丸をつけたものを板書させる）。
指示：〇〇さんから発表しなさい（板書した文を書いた本人が発表していく）。
発問：まだあるという人？
指示：言ってごらん（発表したものを、板書させる。出し切る）。
指示：出てきたものを、ノートに全て写しなさい（※1）。
発問：これを二つのグループに分けます。どのように分けるか、班ごとに話し合ってごらん。
指示：どのように分けたか、言ってごらん。
説明：「口をさす」と「口以外のものをさす」に分けたのですね（※2）。

子供たちから分ける基準が出てこない可能性もある。その際は、上記の基準を示す。

（※1）子供たちがノートに写している間に、教師は、

Googleスライド上に、板書された例文を、テキスト入力する。一枚スライドができたら、班の数だけコピーする。それぞれのスライドの左上に、一班、二班と書いていく。

（※2）別の基準も、子供から出る可能性がある。例えば、「良いこと」と「悪いこと」である。また、「しゃべる系」と「それ以外」も考えられる。それらを大いに褒めた上で、前述のA、Bの基準を提示する。

3 後半：端末を使って、分類する

〈後半ーオンライン（端末を使った作業）〉

指示：Googleスライドを開きなさい。

発問：班ごとに話し合って、「口をさす」と「口以外のものをさす」に分けてごらん（図1・班で一枚のスライドを操作する）。

指示：どのように分けたか、説明してもらいます。

発問：「口が重い」が口をさすとありますが、重い口をやってみてください（「できない」となる）。

発問：もう一度、その分け方でいいか、話し合ってごらん。

説明：全てBになりましたね（図2）。

説明：「口」に別の言葉が合わさって、「口以外」の意味になった。これが、慣用句です。

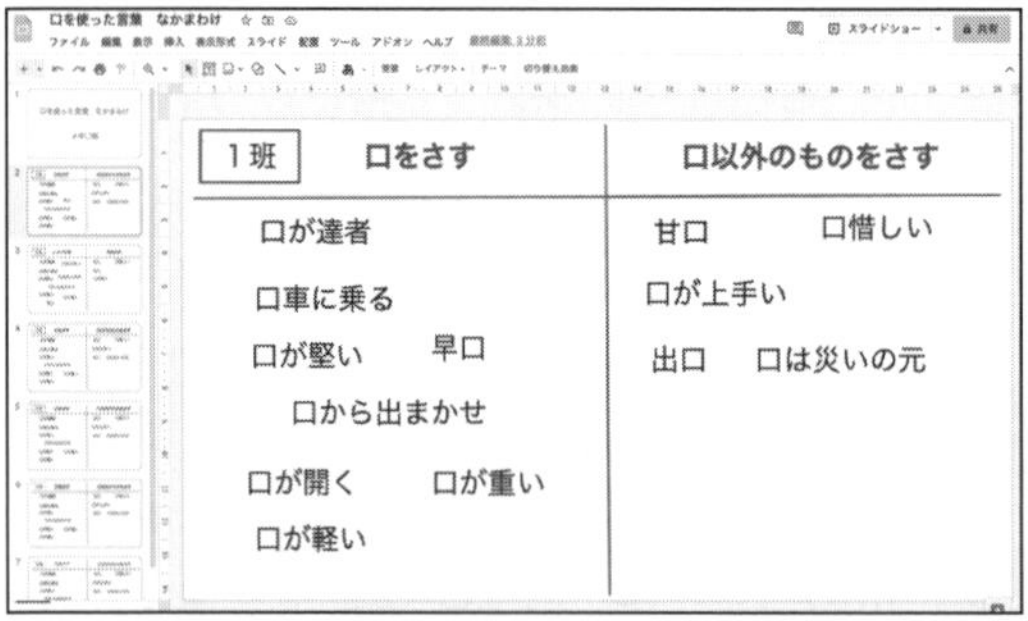
口を使った言葉　なかまわけ
1班
口をさす
口以外のものをさす
口が達者
口車に乗る
口が堅い
早口
口から出まかせ
口が開く
口が重い
口が軽い
甘口
口惜しい
口が上手い
出口
口は災いの元
〈図1〉

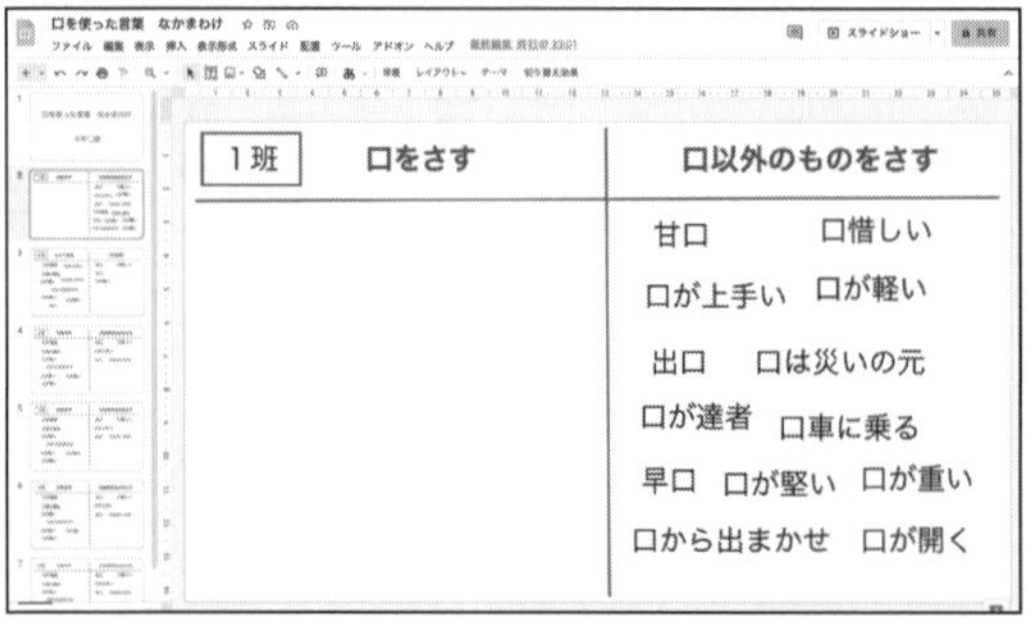
口を使った言葉　なかまわけ
1班
口をさす
口以外のものをさす
甘口
口惜しい
口が上手い
口が軽い
出口
口は災いの元
口が達者
口車に乗る
早口
口が堅い
口が重い
口から出まかせ
口が開く
〈図2〉

この授業におけるGoogleスライド活用の利点は、次の三点である。

(1)分類の修正が簡単にできる。
(2)共有機能を使うことで、共同編集ができる。
(3)他の班の分類をすぐに見ることができる。

では、なぜ、前半から端末を使わないのか。前半、なぜノートを使ったのか。

ノートを使った方が熱中するからである。黒板一枚に、例文が集約されるのも大きい。

また、授業後、家で調べて来る子もいるだろう。端末を簡単には持って帰ることができない地域もある。ノートを持ち帰れば、家で続きの学習ができる。

そして、辞書やインターネットから調べてくる子もいるだろう。

調べてきた子を大いに褒める。

ちなみに、広辞苑では、「口」を使った慣用句が、七十七個載っている。

これを紹介してもよい。

4 教科書の文章を読み、慣用句の定義を確認する

四年下「はばたき」（光村図書）に「伝わる言葉　慣用句」という見開き二ページの教材がある。

教科書には、「羽をのばす」の意味が載っている。

ここから、慣用句の定義へと進む。

そして、左ページ。慣用句の四種類が紹介されている。

- **体《からだ》や心《こころ》**　頭《あたま》をひねる　心《こころ》がおどる
- **動物《どうぶつ》**　借《か》りてきたねこ　馬《うま》が合《あ》う
- **植物《しょくぶつ》**　うり二《ふた》つ　実《み》を結《むす》ぶ
- **かたかな**　エンジンがかかる　メスを入《い》れる

この四種類について、辞書やインターネットを見ながら、集める活動へと展開する。

これも、ノートとGoogleスライドを使うと、熱中した活動となる。

「仕事のくふう、見つけたよ」

【思考・判断・表現】

三年アプリ活用の調べ学習
光村図書「仕事のくふう、見つけたよ」を例に

▼大川雅也

国語三年上「わかば」（光村図書）に、「仕事のくふう、見つけたよ」という教材がある。調べ学習の教材だ。この教材を例に、活用の単元展開について記す。

以下、六つのステップがある。

1 調べたい仕事を決める

前掲の教科書92ページ、「学習のすすめ方」（下図）が分かりやすい。まず、「調べたい仕事を決める。」とある。

発問：思いつく仕事をできるだけたくさん、ノートに箇条書きしなさい。

（「例えば何ですか」と一名指名して答えさせる。これが例示となる）

指示：五つ書けたら、ノートを持ってきなさい。

（児童が持ってきたノートから教師が一つ選び、児童に板書させる）

発問：まだ他にも仕事があるという人？

指示：黒板に書きに来なさい。

説明：たくさんの仕事が出てきましたね。

指示：この中から、調べたい仕事を一つ決め、ノートに書きなさい。

このように列挙させてから、調べたい仕事を確定する。

●学習《がくしゅう》のすすめ方《かた》

決めよう あつめよう
1 調《しら》べたい仕事《しごと》を決《き》める。
2 くわしく調《しら》べる。

組み立てよう
3 ほうこくする文章《ぶんしょう》の組《く》み立《た》てをたしかめる。

書こう
4 ほうこくする文章《ぶんしょう》を書《か》く。

つなげよう
5 読《よ》み合《あ》って、感想《かんそう》をつたえる。

2 図書館の本で調べる

前掲の教科書93ページに、「本などでたしかめ」とある。仕事に関する本はいくつもある。その中でも、三年生にとって読みやすい本は、次のシリーズだ。

①「しごとば」シリーズ
（鈴木のりたけ作／（株）ブロンズ新社）
②「さがしてみよう！まちのしごと」シリーズ
（饗庭伸監修／小峰書店）

特に、「しごとば」シリーズは面白い。

グラフィックデザイナーの鈴木氏が、様々な仕事の「仕事場」、「仕事道具」「仕事のスケジュール」をイラストと解説文で紹介している。

解説文の中から「くふう」を見つければよい。

例えば、「すし職人」のページがある。

「まぐろのにぎりができるまで」が、十一の工程で描かれている。

一、朝五時。市場にまぐろの仕入れに出かける。

二、しっぽの肉を指ですりつぶして、おいしいまぐろを見わけ、「せり」で買う。

三、店にもちかえるものと、保管倉庫でれいとうするものにわける。

まず、「二」が非常に面白い。私自身、このページを見て、初めて知った情報である。まさに、「仕事のくふう」といえる。

「三」も面白い。せりで買ったものを全部お店に持ち帰るわけではないということである。

さて、前掲の二つのシリーズは、六冊、七冊がセットになっているが、それでも、三十人学級でこの数は少ない。

そこで活躍するのが、一人一台端末である。

次の手順で、子供たちにページを見せればよい。

〈一人一台端末活用　本の閲覧編〉

(1)教師が、本の全てのページをスキャンする。

(2)教師が、スキャンしたＰＤＦデータを、Googleクラスルームのストリームにて共有する（下図）。

(3)児童が、共有されたデータから、好きな頁を見つけ、閲覧する。

同じデータを、同学年の他の学級にも共有することができる。

3 質問を考える

前項に記した「すし職人」の仕事のくふうを児童が読み、工程の「三」に関心を持ったとする。

「このすし職人はせりで買ったまぐろを全部持ち帰らないが、自分の街のあのお寿司屋さんは同じことをしているのか」

「どうして、全部持ち帰らないのか」

このような質問を、自分の街のお寿司屋さんに行う活動へと展開することができる。

ただし、同じ学年の複数の子がそれぞれのタイミングで問い合わせると、相手の方が大変である。

そこで、質問を集約する。

「すし職人」への質問、「美容師」への質問、「自動車整備士」への質問等々である。

このような質問を集約する際も、一人一台端末が活躍する。

次の手順で行う。

〈一人一台端末活用　質問集約編〉

(1)教師が、Googleフォームを作成する。

(2)教師が、Googleフォームのリンクを、Googleクラスルームのストリームに貼り付ける。

(3)児童が、Googleフォームの回答を行う。

4 取材を行う

質問を集約した後は、教師が取材の準備を行う。

取材先に、「このような質問をします。取材に行ってもよろしいでしょうか」とお願いをする。いつのどの時間帯がよいかも尋ねる。

できれば、子供たち自身で取材ができるとよい。

コロナ禍のため、取材ができない場合は、教師だけが行き、録音または録画する。取材にも行けない場合は、メールかFAXにて回答いただく。

この録音、録画の際も、一人一台端末が活躍する。

〈一人一台端末活用　取材編〉

(1)教師がフォーム回答された質問内容をGoogleスプレッドシートで確認する。

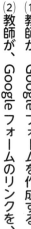

(2)教師が、スプレッドシート掲載の質問を、ワード文書にまとめる。
(3)教師が、文書をプリントアウトし、児童に渡す。
(4)児童は、質問用紙と端末を持ち、取材に行く。
(5)児童が、端末の録画機能を使って録画する。
(6)児童が、(5)の録画を見ながら、回答内容をノートにまとめる。

(5)の時に、取材に行くグループのうち二名が録画する。一名だと録画漏れする可能性があるため、予備を含めて二名が録画する。質問役、録画役など、役割分担を行う。

(6)では、文字起こしのアプリ「Texter（テキスター）」を活用することも考えられる。

5 報告文を作成する

取材をしたら、次はいよいよ報告文の作成である。まず、報告文の組み立てを考える。教師がフォーマットを示す。次の五つの項目とする。

(1)調べた仕事
(2)仕事のくふう
(3)ぎ問に思ったこと
(4)取材して知ったこと
(5)まとめ（感想）

このフォーマット（ワークシート等）に、書き込む。書き込んだものを繋げると、報告文が完成する。つまり、(1)は第一段落、(2)は第二段落、同様に、(3)(4)(5)はそれぞれ第三、第四、第五段落となる。

タイピングに慣れている三年生ならば、Google スライドを活用して、報告文を作成することも可能である。取材時に撮った写真を挿入することができる。

6 読み合い、感想を伝え合う

完成した報告書を読み合う。まず、班で読み合う。友達の報告書を読み、付箋にコメントを書き、貼り付ける。次に、別の班のところへ付箋を持って自由に移動する。どの児童にも二つ、三つと付箋が貼られるように配慮する。このように児童同士が承認し合う時間となる。

「新聞を作ろう」

【思考・判断・表現】

調べ学習のアプリ紹介とトレーニング

「新聞を作ろう」（光村図書）学習コンテンツの紹介

▼小宮山芳輝

1「新聞を作ろう」で調べ学習

光村図書四年上に「新聞を作ろう」という教材がある。

教科書では、学習の進め方として、このように示されている。

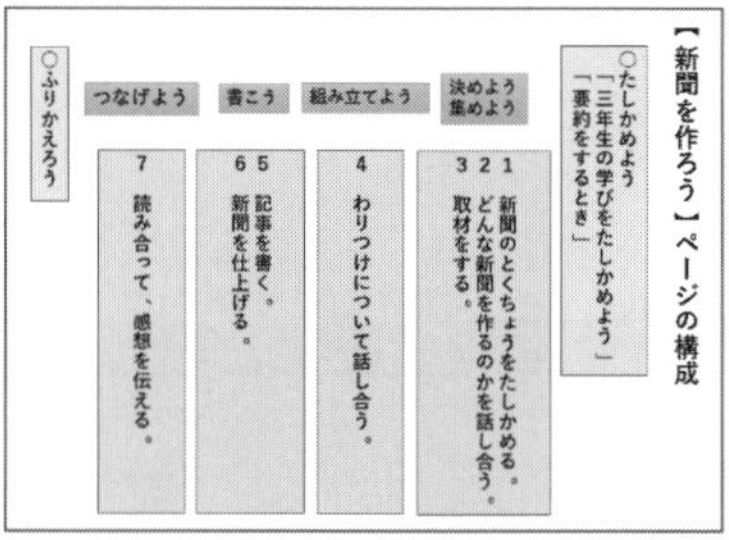
【新聞を作ろう】ページの構成
○たしかめよう
「三年生の学びをたしかめよう」
「要約をするとき」
決めよう
集めよう
1　新聞のとくちょうをたしかめる。
2　どんな新聞を作るのかを話し合う。
3　取材をする。
組み立てよう
4　わりつけについて話し合う。
書こう
5　記事を書く。
6　新聞を仕上げる。
つなげよう
7　読み合って、感想を伝える。
○ふりかえろう
参照：光村図書　教科書

今回は、「3　取材をする。」についての学習場面を取り上げる。

教科書では「取材のしかた」について次のように書かれている。

- 実際に見て調べる。
- インタビューをする。
- 図書館やインターネットで調べる。
- アンケートを調査する。など。

ここでは、「インターネットで調べる」について紹介する。学級では次のような手順で行うようにする。

①いきなりタブレットを使わない

指示：ノートを開きます。
調べたいこと（新聞の記事にしたいこと）を箇条書きにしてノートに書きます。

ただでさえ情報の多いタブレットでの調べ学習である。そこでまず、自分が新聞の記事にしたいことやそれについて知っていることなど、何でもよいので箇条書きにしてノートに書き出す。できるだけたくさん書かせ、情報を整理するのである。

指示：今書いたものの中から、自分の調べたいことを三つ選び、○をつけなさい。

次に本当に興味のあること、つまり書きたいことの焦点を絞っていく。たくさんの中から自分の新聞の記事としてふさわしいものを選ぶのである。「三つ」というように数を限定するとよい。個人、グループで選ばせるなど実態に応じて変える。そうすることで、調べたいことが絞られていく。

②「情報共有」を忘れない

タブレットを使った調べ学習をしていると、つい夢中になってしまい、他の児童との関わりが無くなる。そんな時に教師が意図的に情報共有の場面を設定する。私は以下のことを子供たちに確認する。

> ・どんなホームページを閲覧しているのか。
> ・検索キーワードは何か。
> ・どのような文章にしてまとめているのか。
> ・次回も参照できるよう、ページを記録させる。
> など

板書し残しておくと、支援を要する児童にとってはよいヒントになる。このような小さな配慮が大切なのだ。

③PowerPoint画面に情報を集める

この後紹介する方法で、グループごとにファイルを設定した後、自分が調べたいことをPowerPoint上に書き込んでいく。紙面と違い間違えたらすぐに訂正できる。一番よいのが、グループの仲間がどんな記事を書こうとしているかが一目でわかるということだ。

実際に私の学級でも、この方法で調べ学習を行った時に、どんなことがよかったかと問うと、「友達の作成画面を見ることでヒントを得られた」と言う感想が多数を占めた。

④文を要約し意見や感想を記入する

できれば前時までに学んだ要約の方法を生かしたい。インターネット上に出ている文章は長く、わかりにくいものが多い。

> 指示：大切だと思う言葉（キーワード）を三つ選び、○をつけなさい。

言葉を絞っていく。数を限定することで、本当に必要な言葉を選ぶようになる。また言葉を選ばせるときに、「繰り返し出てくる言葉」や「話の中心になる言葉」を選ぶように指導する。

指示：選んだ言葉をつなげて、三十字でまとめなさい。

ここでも数を限定する。長くだらだら書くことをしないようにさせるためだ。一つ文が書けたらもって来させ、しっかりキーワードが使われているのかをチェックする。要約文にもキーワードに○をつけさせるとよい。

指示：書いたことに、思ったことや考えたことなど、自分の考えを書きなさい。

情報を書くだけではなく、自分の意見や感想を述べるようにする。情報を自分で解釈させることが大切である（三年生までに学習した、「書くものについて短い言葉や文でメモし、書きたいことをはっきりさせる」ことの応用である）。

2 仲間と作業で効率アップ

（1）Microsoft PowerPoint の活用

Microsoft teams と PowerPoint を使った「リアルタイム共同編集」を使えば、一つの調べ学習について複数のメンバーで同時に編集をすることができる。

以下、共同編集までのステップを示す。

1 PowerPoint の編集画面を開く。
2 グループの人数分のスライドを準備する。
3 ファイルを OneDrive に保存する。
4 teams のチャネルにフォルダを作成し、追加から編集したいファイルを選ぶ。
※ iPad・その他のタブレットで、最初の設定方法が異なる場合があるが、いずれも設定が可能。

これで複数人での編集を同時に行うことができる。四人班であれば四枚のスライドを準備する。

上から自分の編集するスライドをあらかじめ決めておき、作業を進めるようにする。

共同編集を行うことで、どんなよいことがあるか。

①児童・教師がそれぞれ作業の進捗状況が確認できる。
②友達の作業ページからヒントを得る。
③どこでも（学校・家など）作業できる。　など

色々な学習で応用可能だ。

Aさん
Bさん
Cさん
Dさん
Dさんのスライド

左側のスライドをタップすると、友達の画面を見ることができる。

3 調べ学習等コンテンツの紹介

●調べるん（小学生向け調べ学習お助けサイト）

光村図書四年上の「新聞を作ろう」の単元で、初めてインターネット検索をする際に、ぜひ子供たちに指導したいことがある。

「大きいキーワードと小さいキーワードを使い分けよう」だ。日本と東京、動物園とライオン、花と桜というようにキーワードは大きいと小さいがある。では検索をする時にはどちらを使ったらよいのか。より詳しく調べたいのであれば、「小さい」キーワードを使う。大きいキーワードは、小さいキーワードを探すための手段となる。

このようなインターネット検索を使う時のヒントとして、事例をもとに詳しく記載されている。ぜひ活用したい。

https://shiraberun.com/

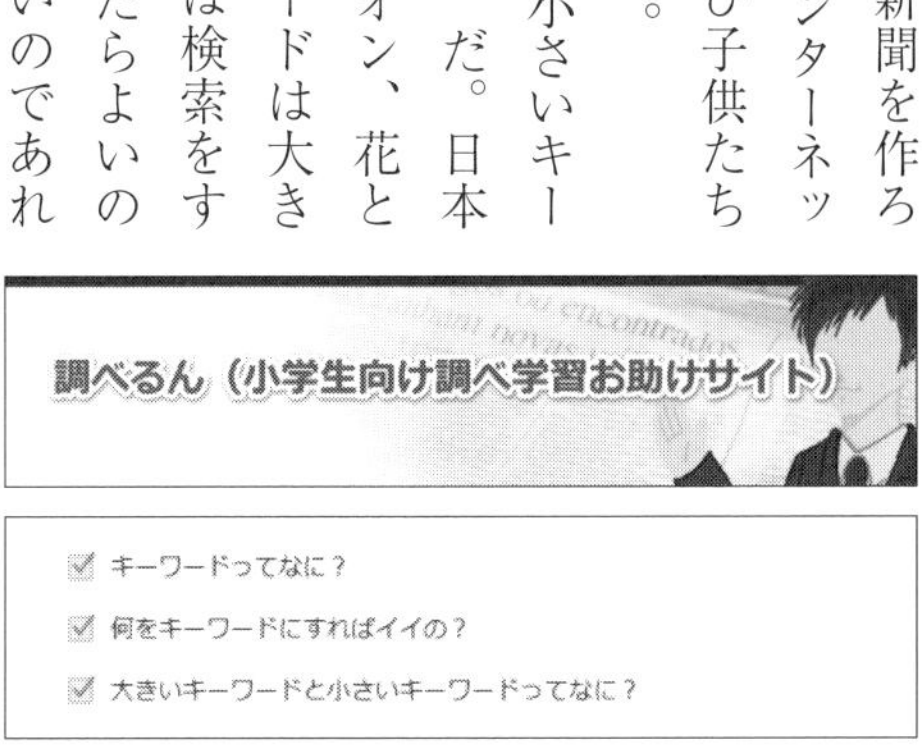
調べるん（小学生向け調べ学習お助けサイト）
キーワードってなに？
何をキーワードにすればイイの？
大きいキーワードと小さいキーワードってなに？

「私たちの学校じまん」

【知識・技能／その他】言葉の力育成のアプリ紹介 意欲向上に繋がるアプリ活用術

▼村上　諒

1 言葉の力とは

言葉の力とは何か。次のように定義する。

①言葉・語彙を豊富に持っており、
②言葉・語彙を自然と使いこなす力

「基礎学力」を育てるアプリとまた違った形で、使えるものを紹介していきたいと考える。

その際に意識したいことは、次のことである。

①アプリを使うことで効率がよくなるもの
②苦手な子に対して補助となるもの
③教科書の学習への意欲に繋がるもの

2 漢字を楽しく覚えるアプリ

三年生で、漢字に関わる単元は、次のものである。

①全単元の新出漢字
②漢字の音訓
③へんとつくり
④漢字の広場
⑤カンジーはかせの音訓かるた
⑥漢字の意味

漢字に関するものは、意味を問うもの、復習するもの、由来を学ぶもの、新しいものなど多岐にわたる。楽しく学ぶために、このような方法がある。

熱中する授業の後にアプリを使う。

例えば、漢字ビンゴである（原実践向山洋一氏）。

説明：さんずいの字、「海」。ほかにもあります。
指示：空いているところを埋めていきましょう。

ほかにも、口に二画（原実践向山洋一氏）も漢字好きにする熱中授業例である。

説明：口という字に二画を足すと田んぼの田。
指示：ほかにもあります。箇条書きでたくさん書いてみましょう。

この実践も定番となりつつあるだろうが、その先にもっと大切なことがある。

漢字を継続的に学ぶ習慣づくり

教室にいる、学習が苦手な子が「もっとやりたい！まだまだやりたい！」と漢字の意欲を向上させることを目指したい。

【アプリの実際】
虫食い漢字クイズ（間違い漢字クイズ・バラバラ漢字クイズも収録！）

このアプリは、「漢字ビンゴ」や「口に二画」をした子たちが食いつくアプリである。

このアプリの特徴は大きく二つある。

①熱中しながら、漢字の熟語の学習になる。
②即時フィードバックがある。

難易度は、大人がやっても脳トレになるレベルである。小学三年生であれば、一年生レベルや二年生レベルから始めるとよい。レベルアップの概念もあり、ゲームが好きな子は熱中できるシステムがある。

アプリを使っている様子

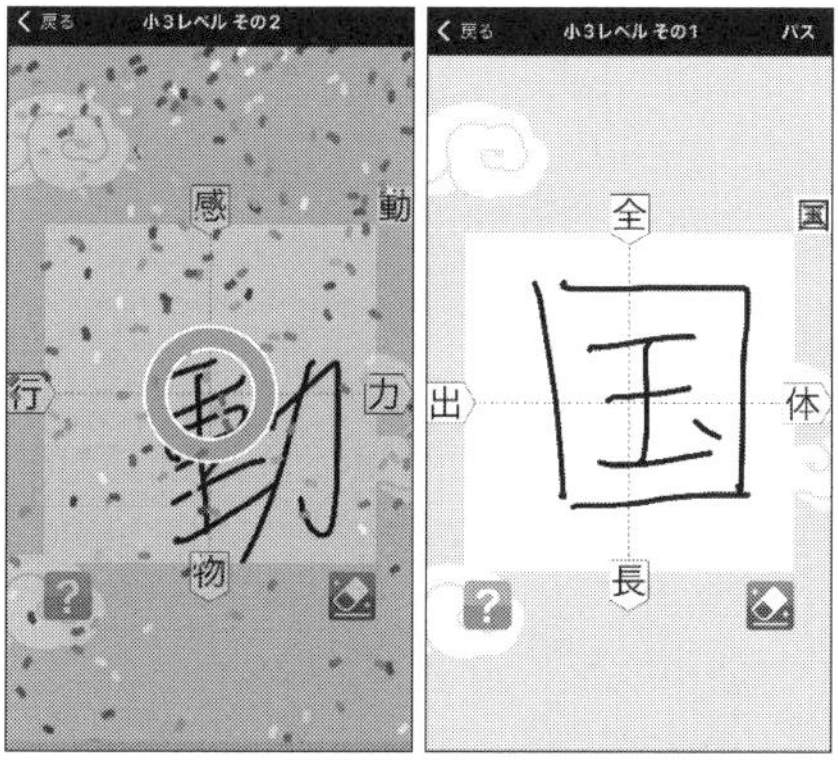

正解すると、即時フィードバックで褒めてもらえるシステム

❸ことわざを楽しく覚えるアプリ

三年生では、「ことわざや故事成語」を学習する単元がある。クイズを出した後にアプリに繋げることで、楽しみながら言葉の力を育てることができるだろう。※すべて光村図書の例文を使用。

説明：ことわざの漢字一文字を隠しました。
指示：次の□に漢字を予想して入れてみましょう。
（漢字で書けない子は、ひらがなでもよいと伝える）
① ねこの□もかりたい
② □も歩けば、ぼうに当たる
③ □橋をたたいて渡る。

そのまま教科書で調べさせてもよいが、アプリを使って調べさせて、そのまま使う方法がある。子供たちが「ほかのことわざを知りたい」と言えば、アプリを使って次のことをさせたい。

ことわざクイズ作り

アプリは様々あるが、ことわざ四字熟語難読漢字学習小辞典がよい。感覚的に使うことができるからだ。ことわざが一覧になって出てくるところが見やすい。アプリはあくまで、情報活用の手段としたい。

ことわざ
四字熟語
難読漢字
学習小辞典

〈アプリを使わせた後の授業展開例〉

説明：（アプリを使って様々調べた後、）ことわざの漢字の一文字を隠します。ただし、隠す漢字は、今まで習ったものだけです。
指示：ノートに三つ書けたらもってらっしゃい。

児童から出たものの実際
・親の□、子知らず
・さるも□から落ちる
・たで食う□も好きずき

珍回答を出すと、教室が熱中する。たで食う米も好きずき、親の金、子知らずなど。

4 言葉の（言い換え）力を高めるアプリ

三年生の三月の単元では、「私たちの学校じまん」というものがある（光村図書三年下）。

①じまんしたいこと
②相手
③目的
④場所
⑤時間

などを決めるが、その際に相手を決めると、話し方が変わることに、子供たちは気づくだろう。それでも、公立のボロボロな学校を希望に満ちた言い方で自慢することは難しい。そんな時に役に立つことが、

言い換える力である。

類義語を考える力とも言える。これがなかなか難しく、有料版の類義語アプリは軒並み、平均二千円以上する。本来ならば、類義語辞典を一人一つ持たせてあげたいが、図書館にも無く、厳しい。

そんな時におススメのアプリがある。

［ネガポ辞典］

高校生が作ったアプリだ。すべての言葉に対応しているわけではないが、公立の老朽化して汚い校舎を自慢するというこの単元では、便利である。

漢字が多いので、解説は必要だが、0から考えるよりもよい。ネガティブな言葉を、ポジティブな類義語に変換してくれる。楽しみながら、言葉の変換を学べれば意欲に繋がるだろう。アプリ活用と共に、熱中する授業の組み立てが、言葉の力を育てるには必須であることもここに示しておきたい。

ネガポ
negapositen
辞典
辞典
インフォメーション

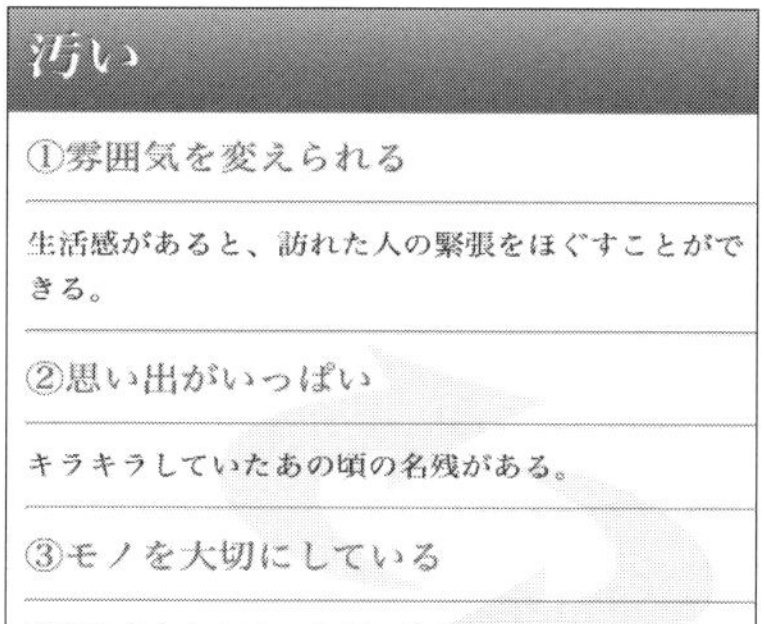
汚い
①雰囲気を変えられる
生活感があると、訪れた人の緊張をほぐすことができる。
②思い出がいっぱい
キラキラしていたあの頃の名残がある。
③モノを大切にしている
使えそうなものは、すぐに捨てずに、とっておく。
汚い→思い出がいっぱい

「いろいろな意味をもつ言葉」

【知識・技能】
言葉の力育成のアプリ紹介
四年国語教科書の具体例

▼橋村亮一

(1) 教科書の基本的な構造

言葉の力とは、教科書の構造に照らし合わせて考えると次のように分類できる。

(い) 言葉の使い方
(ろ) 情報
(は) 受け継がれる言葉
(に) 読書

光村図書の一年生教科書以外は、全て見開きの目次に記載されている(一年生下巻にも目次はあるが、やや見つけにくい)。今回は、「言葉の使い方」についての系統性について述べたい。

例えば、四年生では言葉の使い方について、以下の内容の習得を目的としている。

(一) 漢字を正しく書くことができる。
(「漢字の広場」、都道府県名の漢字など)
(二) 漢字のへんとつくりについて知る。
(三年生から学び始める)
(三) 国語辞典や漢字辞典の使い方がわかる。
(三年生で国語辞典、四年生で漢字辞典を学習)
(四) 主語と述語の対応、わかりやすい文への修正
(五) 熟語
(六) 同音異義語
(三年生で音読みと訓読みがあることを知る)

本稿では(六)の「同音異義語」の実践例について述べていく。

(2) 授業実践例

光村図書上巻の124ページに「いろいろな意味をもつ言葉」という単元がある。チャイムと同時にスライド(※1)を見せる。

先生「出てきた文字を読みます。はっけよい、すもう」
児童「とる」
先生「こんにちは、すもう」
児童「とる」
先生「天井の出前」
児童「とる」
先生「これは『とる』という詩の一部です。今日は、みなさんにこれと似たような言葉遊びの詩を作ってもらいます」

以上が授業の導入である。詩を作るための条件を二つ付け加える。

①「メガネをかける」、「電話をかける」のように最後の動詞を統一する。
②文に自分の解釈を入れる。

②ではまず教師のお手本を示す。次のような文を読ませる。

せきを少しする。

その後、次のように問う。

この文の、どこが先生の解釈ですか。

子供たちは、「少し」と答える。

このように、自分の解釈の言葉を文に入れることが条件の二つ目です。

この際、

『少し』以外にどのような言葉が当てはまりそうですか」

と発問しテンポよく指名するのもよい。
児童からこのような答えが挙がると予想できる。

苦しそうにせきをする。

ゴホゴホとせきをする。

このように例を示すことによって、低位の子も「自分の解釈」の入れ方がわかってくる。

（3）アプリ「Jamboard」の活用例

最初はノートに詩を作らせる。思いつかない児童もいるので、「ヒントのスライド」を掲示する。

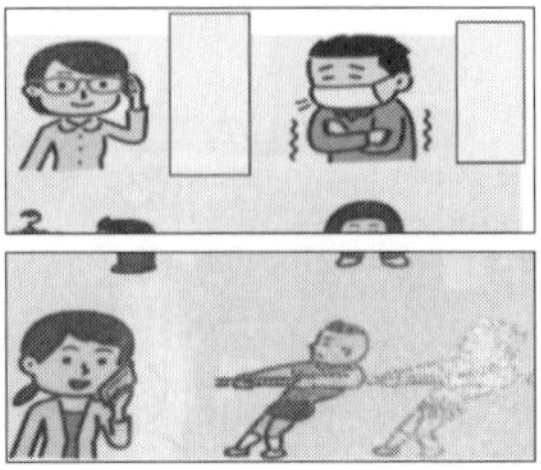
ヒントのスライド　※1

一つ作らせたら二つ、二つ作らせたら三つと、どんどん付け足す。次にクラスルームの中に、あらかじめ入れたJamboardを使い、自分が付け足した言葉がどの仲間の言葉か考えさせる。

仲間分けの分類は次のとおりにする。教科書巻末の「言葉のたから箱」を参考に作成した（※2）。

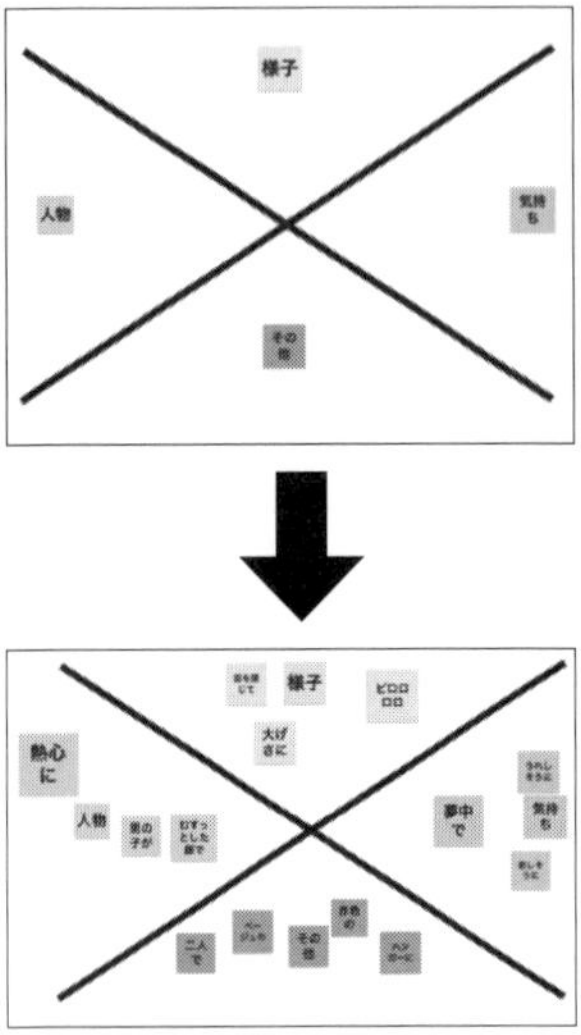

児童の実際の様子　※2

Jamboardの付箋機能を色別に活用することで、グループごとに解釈の言葉が整理しやすくなる。

（4）班ごとに交流

ある程度、仲間分けをすることができたら、次のステップ。班の体制を作り、どのような言葉が出てきたのか交流する。発問は以下のようにする。

友達の解釈の言葉を見て、「なるほど」と思ったものを付け足していきなさい。

自分で考えた解釈の言葉だけではなく、友達の言葉も参考にしながら、Jamboardに言葉を付け加えていく。協働の学びにより、語彙が豊かになっていく。

児童のJamboardが付箋でいっぱいになったら、次のように指示をする。

クラスルームに戻り、提出ボタンをクリックしなさい。

交流により、子供たちがどこまで言葉を増やすことができたか確かめるためだ。

(5) アプリ「Google Forms」の活用例 ※3

最後にGoogle Formで詩を作成して、提出する。もちろん、Jamboardを活用してもよい。しかし、ここでもうまく詩を作れない児童がいる。その時に救ってくれるのがGoogle Formsのアプリだ。

① Google Formsをひらき、設定をクリックする。
② 「プレゼンテーション」を選び、「結果の概要を表示する」をクリックする。

(Ⅰ)

(Ⅱ)

このように設定すると、児童側の画面で回答した後に「前の回答を表示」という文字が現れる。ここをクリックすると、素早く提出した児童の詩が一覧で見られるようになる。どうしても、書くことが思いつかない児童のヒントになる。ちなみに「別の回答を送信する」をクリックすると、元の画面に戻り、二つ目の詩を作成することができる。早く終わった子への次の活動の指示を忘れないようにしたい。

ここまで、言葉の力を育成するための授業実践を提案してきた。アプリを上手く活用すると、発言が苦手な子や書くことが苦手な子でも、学習に参加することができる。

アプリの機能を十分に理解し、使用する目的を明確にすることで、どの児童も言葉の力をつけることができる。

※1Google スライド　※2Google Jamboard

「三年とうげ」

三年生の授業実例「読む」ICT紐づけプラン物語文

▼山本東矢

1 「三年とうげ」の指導全体の流れ

三、四年生の物語は、「登場人物の行動や気持ちなどについて、叙述を基に捉えること。」とある。

「三年とうげ」は12月上旬教材、光村図書教科書三年下65ページの6時間単元である。

以下の流れで指導することで目標を達成できる。

三年とうげ　指導全体の流れ

1時間目　**範読　感想　辞書引き**
2時間目　**設定確認**（場所　時間　人物）
3時間目　**場面分け**（時間　場所　新キャラ）
4時間目　**クライマックス検討**
5時間目　**ピナクル検討**（省略可）
6時間目　**全文要約**
7時間目　**主題**　※ICT機器活用

2 ICTを効果的に使おう

ICTは主に7時間目の主題で使う。

ICTを効果的に使うならば、教師の教材提示が最も効果的である。

主題（物語の中心となる考え）を取り扱う時に、簡単な童話を取り入れるとわかりやすい。その時に、画面に、写真やイラストと共に発問が出ると、子供は考える足がかりにしやすい。

主題は、物語の読み取りにとって最も重要なところであり、難しいところである。だからICTを使って、早く、わかりやすく、簡単におさらいをさせる。これ以外にも、うさぎとカメや、ワシントンの幼少期の桜の木を切り倒してしまう話を出すのもいい。

1時間目の辞書引きでタ

おおきなかぶ

おじいさん、おばあさん、孫、犬、ねこ、ねずみがでてきて、かぶをぬく話。

このお話は、何を伝えたいお話でしょうか。

人は、～～をするべきだ。世の中は、～～をすることが大切だ。というように書いてみてください。

困ったときは、助けをよんで手伝ってもらうことが大切である。
世の中は、力をあわせると、うまくいくことがある。

ブレットを使い、電子辞書代わりに調べさせるのもいい。

3 三年とうげ、指導の実際

〈1時間目〉 範読　感想　意味調べ

①教師が範読（読み聞かせ）する。
②読み終わったら、感想を隣に言わせる。
そして、全体の場で発表させる。
③追い読みで1ページ読む（読めない漢字を書く）。
④2ページほど追い読みしたら、もう一度、その2ページを隣と交代読みさせる。
⑤「②と③の繰り返し」で最後まで読む。
⑥難しい言葉を板書する。班で分けて、辞書で調べる。
わかったら、短く意味を黒板の下に書く。
※タブレットで調べさせてもいい。

〈2時間目〉 設定確認

場所、時間、登場人物、中心人物を確認する。
☆どの場所で、この物語は進んでいますか。
①おじいさんの家　②三年とうげ
☆どれぐらいの期間の話か。また季節はいつですか。
①一年間　②ほぼ秋の季節
☆登場人物はだれですか。登場人物とは物語の中で話したり考えたりしている人物のことです。
①おじいさん　②トリトル　（③おばあさん）
☆中心人物は誰ですか。中心人物は物語のはじめと終わりで考え方がガラリと変わっている人物です。
おじいさんである。はじめらへんは、転んでしまって病気になったけど、最後には病気が治ったから。
☆対役は誰ですか。対役とは、中心人物の考え方を大きく変える人物のことです。
トリトル。おじいさんに「もっと転んで寿命を伸ばしたら」と言って、おじいさんの行動を変えたから

〈3時間目〉 場面分け

場面はどこで分かれますか。場面が分かれるには条件があります。

大きくはこの四つです。
①時間が変わる（一日以上）
②場所の変化（中と外など）
③新登場人物が出る

④1行空き（物語によっては数字がついている）
条件が多いほど、場面は変わる可能性が高いです。なお1ページ進まずに変わることはまずないです。

答え

1　あるところに、三年とうげとよばれる～
2　ある秋の日のことでした。一人のおじいさんが～
3　そんなある日のこと、水車屋のトリトルが、～
4　ところで、三年とうげのぬるでの木のかげで、～

〈4、5時間目〉クライマックス検討、ピナクル検討

クライマックスは何場面ですか。クライマックスとは中心人物の考え方や気持ちがはじめと比べて大きく変わる場面のことです。

3場面。トリトルがきて、言い伝えを言ってくれておじいさんの行動が変わったから。

※場面が分かれたら討論をして、決着をつける。早く決着がついた場合はピナクルの検討をする。

ピナクルはどこですか。ピナクルとは、中心人物の考え方や気持ちが大きく変わった一文です。

これは三つに分かれると考える。

①うん、なるほど、なるほどおじいさんは、すっかりうれしくなりました。
②あんまりうれしくなったので、しまいに、とうげからふもとまで、ころころころりんと、転がり落ちてしまいました。
③そして、けろけろけろっとした顔をして、「もう、わたしの病気は治った。～」

どれが正しいかを討論する。「違うと思う意見と理由をいいます。反対OKです」で討論をスタート。

※この討論で「病気が治ったと感じたから～～だ。」という話し合いが出るし「言い伝えを信じているから、この言葉からおじいさんは変わった」が出るといい。この物語の肝は「言い伝えを信じる」だ。

　だから、そのことについての討論が行われると主題に迫ることができる。

〈6時間目〉全文要約

> **このお話は、一言でいうと、どんな話ですか？中心人物と対役は必ず入れて、50文字前後で書きなさい。**

言い伝えを信じたおじいさんが病気になるが、トリトルのいう通りにして治った話。（38字）

〈7時間目〉主題 ※ICT機器活用

主題は、ICTのパワーポイントを使って教える。

本稿の**2**で説明済みである。主題について簡単に指導をした後に言う。

> **主題は何ですか。主題とは、この作品で最も伝えたいであろうことです。この三年とうげでは、何を最も伝えたいでしょうか。「世の中は〜、人は〜」という感じで書きましょう。**

例① 人は、信じることでよくもなったり、悪くなったりもする。

例② 人は、悪い言い伝えを信じすぎてはいけない。

主題は、クライマックスの場面に関係することで、登場人物の名前が出ていない内容ならば、基本的に全て正解としてよい。

4 読みを鍛える一年間

一年間で五つの物語教材を扱う。イ、エ、オ、カが学習指導要領が物語文教材に期待することである。

大きなこととして、叙述（文章に書いていること）を基に、自分の意見を書くことが大事である。

今まで載せてきた展開例で「ここにこう書いているから、自分はこう考える」という意見を書くことでそれを満たすことになる。

(1) 読むことに関する次の事項を身に付けることができるよう指導する。
ア 段落相互の関係に着目しながら，考えとそれを支える理由や事例との関係などについて，叙述を基に捉えること。
イ 登場人物の行動や気持ちなどについて，叙述を基に捉えること。
ウ 目的を意識して，中心となる語や文を見付けて要約すること。
エ 登場人物の気持ちの変化や性格，情景について，場面の移り変わりと結び付けて具体的に想像すること。
オ 文章を読んで理解したことに基づいて，感想や考えをもつこと。
カ 文章を読んで感じたことや考えたことを共有し，一人一人の感じ方な

3年生の光村の物語文

きつつきの商売（場面の様子や登場人物の気持ちを想像する）
← **まいごのかぎ**（登場人物の変化に気をつけてよむ）
← **ちいちゃんのかげおくり**（物語に対する感想をもつ）
← **三年とうげ**（組み立てをみつけ登場人物の変化をとらえる）
← **モチモチの木**（登場人物の性格について話し合う）

「言葉で遊ぼう」

【思考・判断・表現】「読む」－ICT紐づけプラン説明文
教材文を加工し、便利さを実感する

▼中川貴如

光村図書三年上「言葉で遊ぼう」は、読みのスキル「段落」「問い」を習得するための練習教材だ。習得には、「体験→定義」の組み立てと「便利さの実感」が鍵となる。段落の便利さの実感に、ICTを活用した。

1 「だんらく」から「段落」へ

低学年の説明文で、ほとんどの子は「だんらく」という言葉を知っている。すでに体験しているため、定義は、簡単に教える。ただし、「作業」を取り入れる。

（1）「段落」を囲む作業で理解する

下記の画面を提示し、「一段落」と声に出させながら、段落のまとまりを指で囲ませる。低位の子も「声に出す」「囲む」作業で「まとまり」を理解できる。

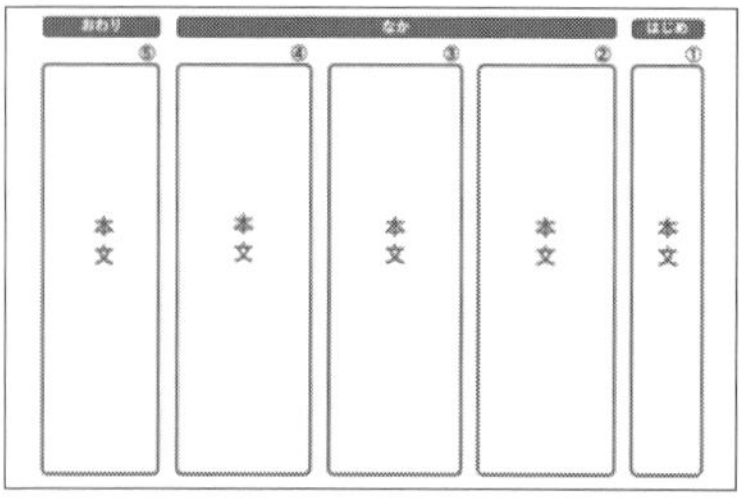

（2）「段落」をイメージで理解する

なぜ「段落」というのでしょう。予想できる人？

予想するから、次が印象に残る。

段落の始まりが、一段下がっています。一段分「段」が「落ちている」から「段落」といいます。

下図のように、教科書の段落を指でなぞらせる。「だんらく」という無意味だった音が、「段落」という意味のある言葉に変わる。些細だが、大事な押さえである。

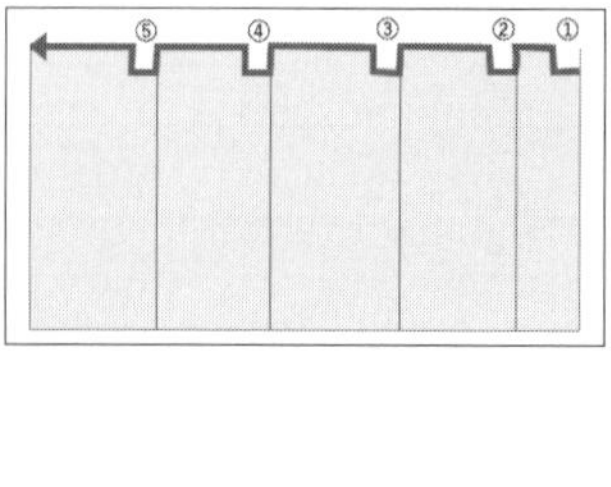

2 「問い発見力」急上昇！

教科書には、次のように書かれている。

この文章には、問いが二つ書かれています。「問い①」「問い②」に分けて、ノートに書きましょう（56ページ）。

教科書には、「問いの見つけ方」が書かれていない。「問いを見つける手順」を体験させる必要がある。

1 「問いの段落」は何段落ですか（①段落）。
2 ①段落を読みましょう。
3 ①段落には「問いの文」が二つあります。どの文とどの文ですか。
4 それが「問い」だとわかる一文字は何ですか。
5 「問いの文」を読みましょう。
6 「問いの文」に[1][2]と番号を打ちましょう。

1がポイント。いきなり「問いの文」を探さない。「問いの段落」を先に探す。問いの「段落」と「文」では、探す難易度が大きく違うからだ。

「問いの段落」…五つの段落から一つを探す
「問いの文」…十九個の文から一、二文を探す

段落がわかれば、四文から二文を探すだけになる。

まず「段落」→次に「一文」

この手順で、「問い発見力」が飛躍的に高まる。

3 「問いの便利さ」を実感するしかけ

教科書には、「問い」について、こう書いてある。

問いの文を見つけると、文章全体で書かれていることを見通すことができる（160ページ）。

この文章を理解するためには、「問いから、文章全体を見通すことができた！」という体験が必須である。

「言葉で遊ぼう」には、問いの文が二つある。

[1] 言葉遊びには、ほかにどのようなものがあるのでしょうか。
[2] 言葉遊びには、どのような楽しさがあるのでしょうか。

次のように問い、予想させる。

[1]の問い　から、このあとどんなことが書かれていると予想できますか（[2]も同様に）。

子供の発言をもとに、以下のように板書する。

【予想】この後の見通し
1 言葉遊びの名前(種類)
2 言葉遊びの楽しさ

「では、予想があっているか確かめましょう」と、次の展開に持ち込む。「予想」が「問いの便利さ」への布石となる。

4 「予想→発見」で便利さを実感

(1) 予想した「答え」があるか確かめさせる

1 先生が②段落を読みます。言葉遊びの名前(種類)が出てきたら、「発見!」と言いましょう。
2 ②段落の続きを読みます。「しゃれの楽しさ」が出てきたら、起立しましょう。

1と2の間に、教科書以外の「しゃれ」を発表させてもよい。意外とおとなしい子も活躍できる。

その後、教科書の問い1の答えを、しゃれのように四角で囲ませる。問い2の答え「言葉遊びの楽しさ」を、「言葉の持つ音と意味とを組み合わせるという楽しさ」のように線を引かせる。

(2) ③④段落は、「答え」を自力で発見させる

3 ③段落にも同じように探します。発見したら、②段落と同じように「四角囲み」「線を引いて」持っていらっしゃい。
4 合格したら、④段落も同じように探します。

③段落は、できた子から持ってこさせてチェックする。四角囲み、線の両方ができていたら百点、片方なら五十点、両方ともなければ○点。「四角囲み」を「線」にしている場合も減点。明るい雰囲気で、点数だけを伝える。余計な説明はないほうが盛り上がる。

4は時間調整である。それでも時間差ができるなら「回文」「アナグラム」を作って待たせる。

「問い」を見つけ、後の文章を予想し、「答え」を見つけてきました。ここまでの感想を書きましょう。

「簡単だった」「問いは便利だ」などの感想が出る。

ここで、先に示した160ページの文を読ませる。よさを実感した後なら、理解できるはずだ。

（3）「まとめ」の段落への気づき

もう簡単に「答え」が見つけられますね。最後の⑤段落も同じように見つけてごらんなさい。

子供たちは、意気揚々と探そうとする。しかし、すぐに空気が変わる。「あれっ？　答えが書いてない」「先生、ここは違います」などの反応が返ってくる。

ここは、問いの「答え」が書いてある段落ではないのですね。では、何が書いてある段落ですか。

「全体のこと」「筆者の言いたいこと」「まとめ」などの意見が出る。「まとめ」であることを確認し、「このように」という言葉も押さえる。

文章全体を振り返り「問い」「問いの答え」「まとめ」の構成を視覚的に整理し、「はじめ」「なか」「おわり」も、この段階で確認する（紙面の都合で割愛する）。

5 ＩＣＴで「段落の便利さ」を実感

上記の復習を兼ね、「段落」の便利さを実感させる。

Ａ～Ｃは、教材文をテキスト化したものだ。ＰＤＦにして共有し、一人一台端末で見られるようにした。

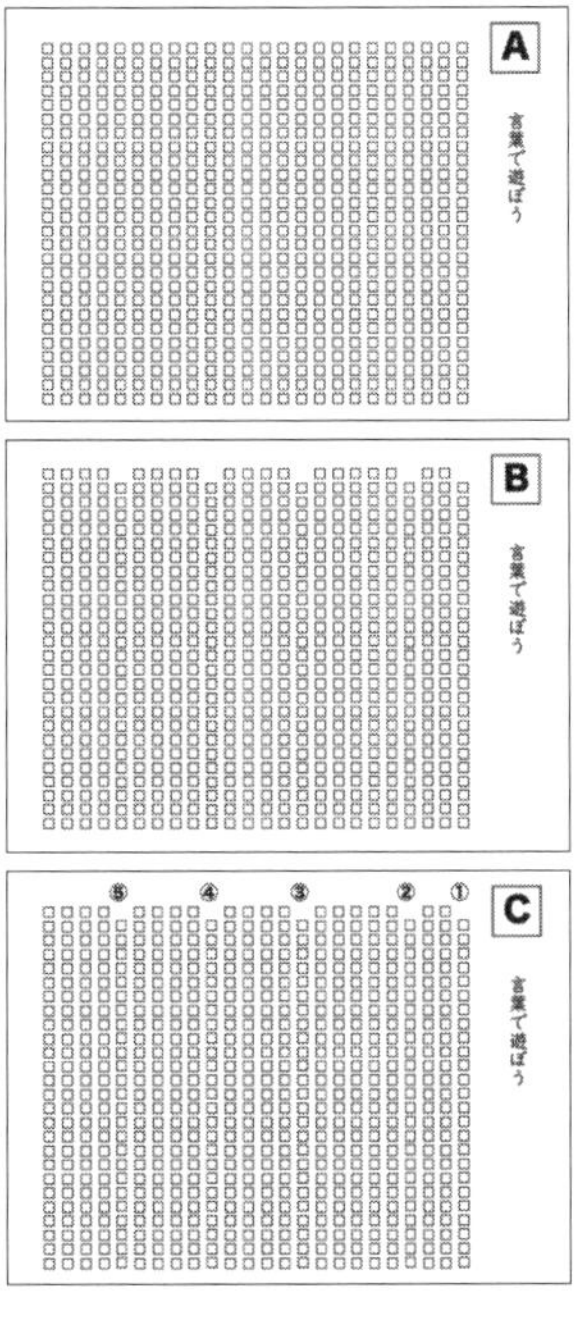

まずＡを提示し、「問いの文」「答えの文」等を探させる。読みづらさを感じる。わかりやすくするために「段落」が生まれたことを伝える。

次にＢを提示する。段落の便利さを感じる。しかし、「回文の楽しさはどこに書かれていますか」などと位置を問うと、少し答えるのに手間取る。

そして、Ｃを提示する。段落番号の便利さを実感する。段落番号は、先人の知恵であることを伝える。

教科書では、文章配置を加工できない。簡単に教材文を加工でき、共有できるのはＩＣＴの強みである。

「これがわたしのお気に入り」

【思考・判断・表現】

三年生の授業実例「書く」ーICT紐づけプラン「これがわたしのお気に入り」

〜「書く」「交流する」が自由自在に〜

▼中川聡一郎

1 本単元の指導事項と系統性

「これがわたしのお気に入り」（光村図書三年下／十二時間完了）は、自分が作った作品の中からお気に入りを一つ選んで紹介する単元だ。タブレットの導入により、写真の管理や印刷する手間が解消された。書く活動はもちろん、交流する活動でもタブレットは大きな力を発揮する。本単元の指導ポイントは、次の二点である。

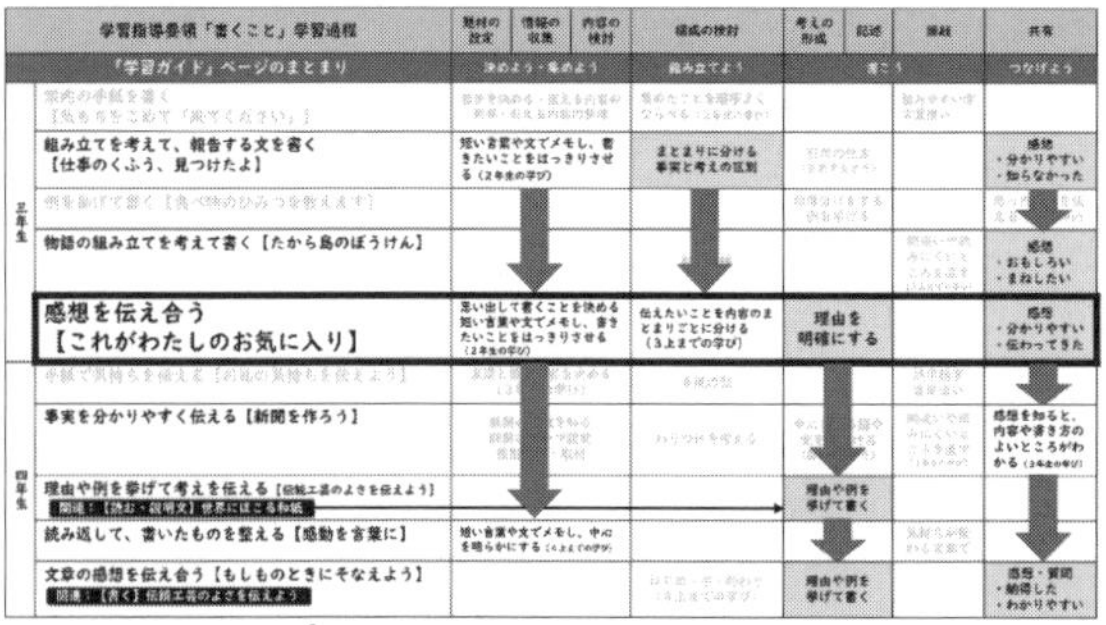
学習指導要領「書くこと」学習過程
「学習ガイド」ページのまとまり
三年生
組み立てを考えて、報告する文を書く【仕事のくふう、見つけたよ】
短い言葉や文でメモし、書きたいことをはっきりさせる（2年生の学び）
まとまりに分ける 事実と考えの区別
感想 ・分かりやすい ・知らなかった
物語の組み立てを考えて書く【たから島のぼうけん】
感想 ・おもしろい ・まねしたい
感想を伝え合う【これがわたしのお気に入り】
思い出して書くことを決める 短い言葉や文でメモし、書きたいことをはっきりさせる（2年生の学び）
伝えたいことを内容のまとまりごとに分ける（3上までの学び）
理由を明確にする
感想 ・分かりやすい ・伝わってきた
四年生
事実を分かりやすく伝える【新聞を作ろう】
感想を知ると、内容や書き方のよいところがわかる（2年生の学び）
理由や例を挙げて考えを伝える
理由や例を挙げて書く
読み返して、書いたものを整える【感動を言葉に】
文章の感想を伝え合う【もしものときにそなえよう】
理由や例を挙げて書く
感想・質問 ・納得した ・わかりやすい

> ①理由を明確にして書く。
> ②文章を読み合い、お互いの文章のよさに気付く。

①は四年生での説明文・意見文を書く学習につながる。本単元を通して、しっかりと身に付けさせたい。

2 本単元の流れ

【第一時】紹介したい作品を選ぶ

> **一年間で作った作品をノートに箇条書きにします。**

作った作品は図工に限らず、国語の物語、社会のまとめ新聞、総合の発表スライド、夏休みや冬休みの作品、習字などさまざまだ。列挙した中から、一つ選ばせる。

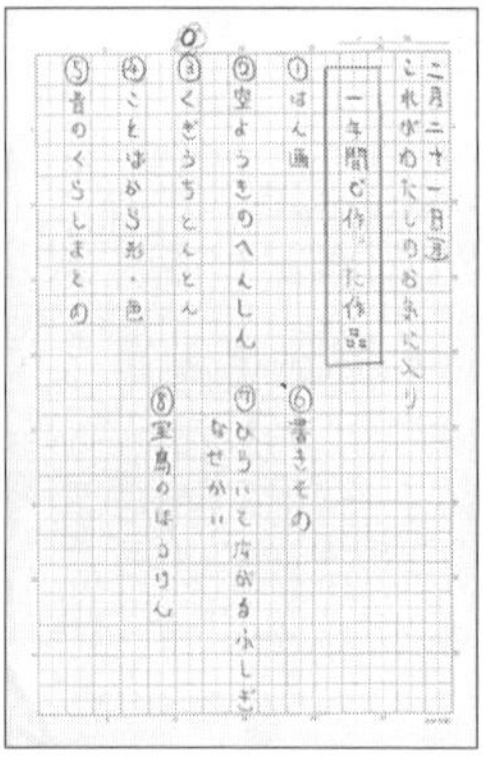
これがわたしのお気に入り
一年間で作った作品

> **紹介したい作品を一つ選び、印をつけなさい。**

【第二時】選んだ作品について詳しく書き出す

> **選んだ作品について、短い言葉で書き出します。**
> **①作り方・材料　②工夫したこと、頑張ったこと**
> **③大変だったこと　④自分やまわりの人の感想**

「イメージマップ」を活用する。すぐ言える二、三人に発表させ、個人作業とする。

10分ほど時間を取ったら、隣同士でイメージマップを見せ合い、質問させる。活動前に、黒板に子供のイメージマップを投影し、教師が実際に「どんな塗り方をしたのですか」などと質問してみせると活動の例示となる。

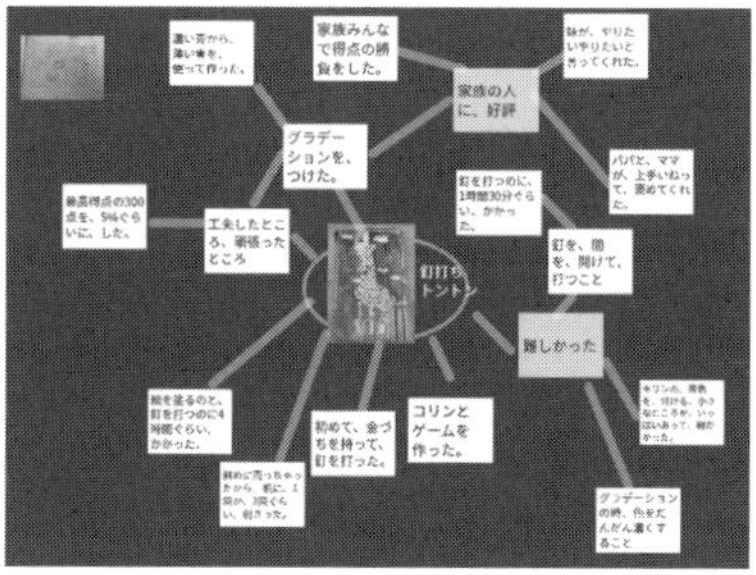

【第三時】組み立てを確かめ、メモを作る

まず、完成形のイメージをもたせるために、教科書に載っている紹介文を音読する。追い読みや一人読みなどで何回か読ませた後、組み立てを確認する。

> **題名、名前、写真、本文の四つからできています。**
> **本文はいくつに分かれますか。**

「えらんだ作品」「作品のせつめい」「しょうかいしたい理由」の三つを押さえる。それぞれの間に赤で線を引かせる。こうすることで視覚的に理解できる。

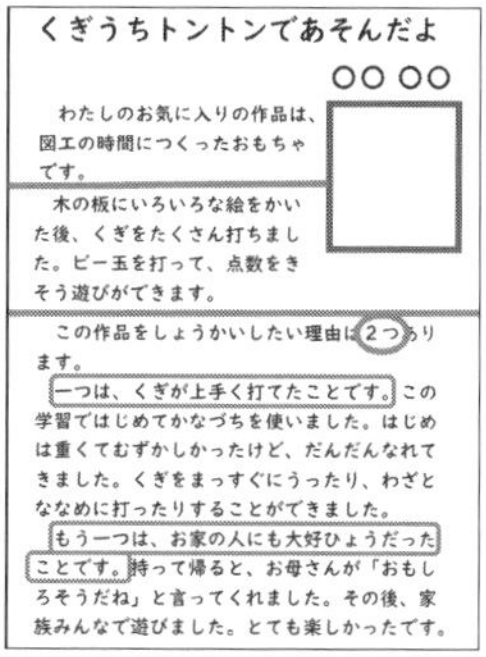
くぎうちトントンであそんだよ

○○ ○○

わたしのお気に入りの作品は、図工の時間につくったおもちゃです。

木の板にいろいろな絵をかいた後、くぎをたくさん打ちました。ビー玉を打って、点数をきそう遊びができます。

この作品をしょうかいしたい理由は2つあります。

一つは、くぎが上手く打てたことです。この学習ではじめてかなづちを使いました。はじめは重くてむずかしかったけど、だんだんなれてきました。くぎをまっすぐにうったり、わざとななめに打ったりすることができました。

もう一つは、お家の人にも大好ひょうだったことです。持って帰ると、お母さんが「おもしろそうだね」と言ってくれました。その後、家族みんなで遊びました。とても楽しかったです。

> **理由はいくつありますか。どこに書いてありますか。**

ここも作業をさせる。「2つ」を○で囲ませる。

> **理由の一つ目は何ですか。指を置きなさい。**

理由の書いてある場所に指を置かせ、赤で囲ませる。二つ目の理由も同様に進める。理由が三つ以上ある場合の書き方も押さえておくと、後で混乱しない。

次に組み立てメモを扱う。

組み立てメモと完成した紹介文を見比べて、気付いたことを隣の人に言いましょう。

内容が同じであることに気付く。ロイロノートでフォーマットを書いたカードを全員のタブレットに送信し、組み立てメモを書かせる。

しかし、個人作業にするのはまだ早い。この単元のポイントの一つは「理由を明確にして書く」である。理由を選ぶ作業は全体で行った方がエラーレスで進むだろう。

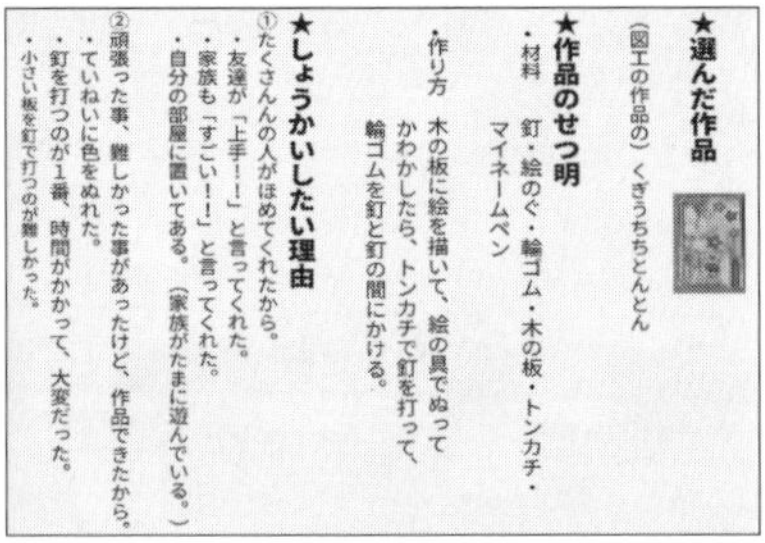

★選んだ作品
（図工の作品の）くぎうちちとんとん
★作品のせつ明
・材料　釘・絵のぐ・輪ゴム・木の板・トンカチ・マイネームペン
・作り方　木の板に絵を描いて、絵の具でぬってかわかしたら、トンカチで釘を打って、輪ゴムを釘と釘の間にかける。
★しょうかいしたい理由
①たくさんの人がほめてくれたから。
・友達が「上手！！」と言ってくれた。
・家族も「すごい！！」と言ってくれた。
・自分の部屋に置いてある。（家族がたまに遊んでいる。）
②頑張った事、難しかった事があったけど、作品できたから。
・ていねいに色をぬれた。
・釘を打つのが１番、時間がかかって、大変だった。
・小さい板を釘で打つのが難しかった。

教科書の例を見ると、紹介文の理由とその詳細は、イメージマップと対応していることがわかる（下図）。この構造を示すと子供から「なるほど」と声が出る。

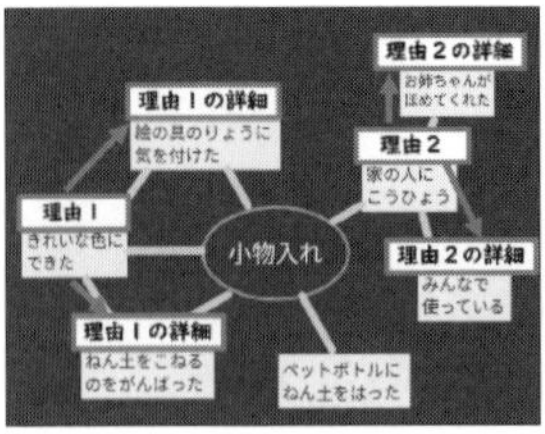
小物入れ
理由１
きれいな色にできた
理由１の詳細
絵の具のりょうに気を付けた
理由１の詳細
ねん土をこねるのをがんばった
理由２
家の人にこうひょう
理由２の詳細
お姉ちゃんがほめてくれた
理由２の詳細
みんなで使っている
ペットボトルにねん土をはった

イメージマップの中から、紹介したい理由として挙げたいものを二つ選びなさい（数は個に応じて変更可）。

決めた子から立って発表させ、組み立てメモに書かせる。後は個人で作業をさせる。教師はまだ理由を選ぶことができていない子たちを中心に見る。組み立てメモができた子は提出箱に提出させ、チェックする。

【第四時】紹介する文章を書く

タブレットを使う。ロイロノートやGoogleドキュメントなど選択肢は様々だ。文章をすぐに修正したり、写真を取り込んだりできるのが非常に便利である。

当然ながら、スムーズにタイピングができることが前提である。そのために、三年生の早い段階からタイピング練習を取り入れる。私は九月単元の「ローマ字」の学習を六月に行った。また、学年全員を「キーボー島アドベンチャー」に登録し、タイピング練習に取り組ませた。三学期に

キーボー島アドベンチャー

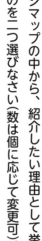

は、大人顔負けのスピードでタイピングができる。

組み立てメモが書けていれば、教科書を参考にしながら多くの子が書けるだろう。実態に応じて、紹介文を書かせる前に視写を取り入れてもよい。

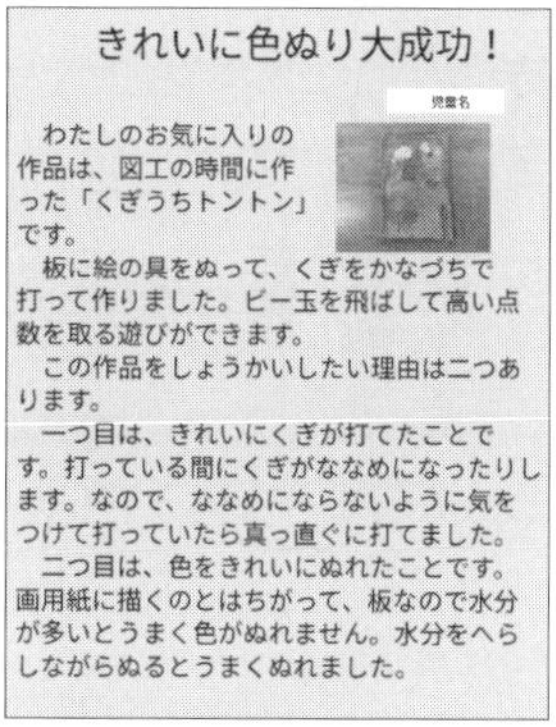
きれいに色ぬり大成功！

わたしのお気に入りの作品は、図工の時間に作った「くぎうちトントン」です。

板に絵の具をぬって、くぎをかなづちで打って作りました。ビー玉を飛ばして高い点数を取る遊びができます。

この作品をしょうかいしたい理由は二つあります。

一つ目は、きれいにくぎが打てたことです。打っている間にくぎがななめになったりします。なので、ななめにならないように気をつけて打っていたら真っ直ぐに打てました。

二つ目は、色をきれいにぬれたことです。画用紙に描くのとはちがって、板なので水分が多いとうまく色がぬれません。水分をへらしながらぬるとうまくぬれました。

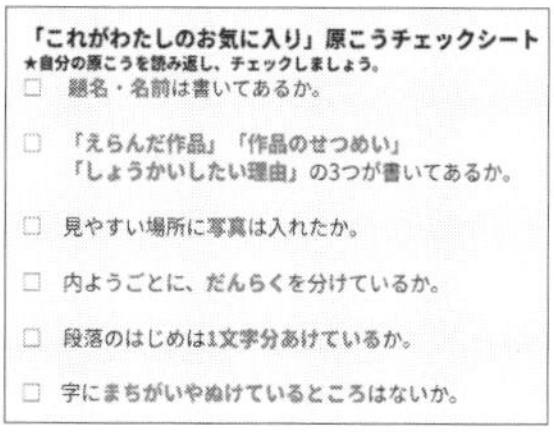
「これがわたしのお気に入り」原こうチェックシート
★自分の原こうを読み返し、チェックしましょう。

□ 題名・名前は書いてあるか。

□ 「えらんだ作品」「作品のせつめい」「しょうかいしたい理由」の3つが書いてあるか。

□ 見やすい場所に写真は入れたか。

□ 内ようごとに、だんらくを分けているか。

□ 段落のはじめは1文字分あけているか。

□ 字にまちがいやぬけているところはないか。

授業の冒頭にチェックシートを配付しておく。原稿が完成した子は、自分でチェック。そして提出箱へ出す。教師の合格をもらった子から終了である。

【第五時】紹介文を交流する

友達の文章を読んで、「わかりやすいな」「いいな」と思ったことをコメントに書き込みなさい。

Googleドキュメントであればコメント機能がある。私はMicrosoft Teamsを活用して交流を行わせた。

①ロイロノートで作った紹介文をタブレットの画面に出した状態で、スクリーンショットを撮らせる。
②撮ったスクリーンショットをTeamsに投稿。
③「返信機能」を使ってコメントさせる。

授業の終わりに自分の紹介文に対するコメントを読む時間を取る。そして、コメントや友達の紹介文を読んだ感想を書かせる。

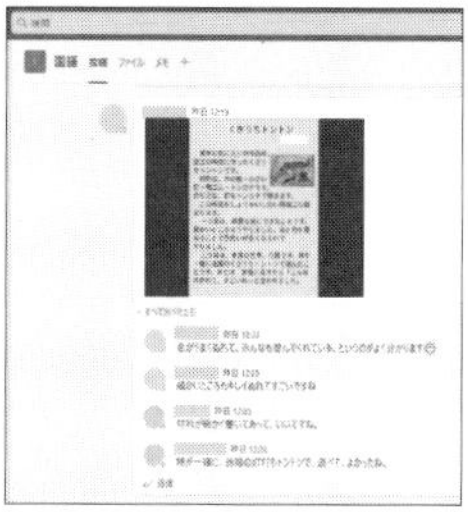

【第六時以降】別の題材で紹介文を書かせる

タブレットを持ち帰り、家でお気に入りのものの写真を撮らせる。それを題材に新たな紹介文を書かせることで、書く力をさらに高める。あらかじめ必要なカードをつなげて送り、自分のペースで進めていく。一回目よりも個性豊かな紹介文が出来上がる。

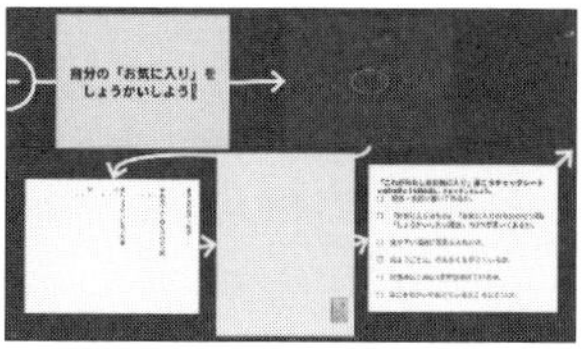

ことわざ・故事成語

【知識・技能】

ことわざ・故事成語
子供が熱中する言語文化の授業

▼加藤雅成

1 教科書で教え、ICTで交流する

(1) 教科書の『学習』ページ

光村図書三年下（令和三年度版）の「ことわざ・故事成語」の学習の紹介である。

この単元での学習活動は、「ことわざ辞典を作ろう」である。

(2) 単元計画

光村図書の指導計画をもとに、ICT活用を意識した単元計画の紹介である。

一時間目

知っていることわざや故事成語を出し合う。ことわざの定義を教科書の本文を使いおさえさせる。

二時間目

教科書に示されたことわざについて国語辞典などで調べさせる。

三時間目

故事成語の意味や由来を調べ、クラスルームに提出させる。

四時間目

Jamboardを使い、各班の辞典を作る。

(3) ICT紐づけ授業展開

意見を集約のための「Googleフォーム」と整理するためにJamboardを活用した。

授業展開

一時間目

導入「ことわざ」のフラッシュカードを5分間行う（正進社のことわざフラッシュカードを活用した）。

その後、教科書に入る。故事成語やことわざを使った文作りに向けて、次のステップを踏む。

指示1：教科書56ページを開きなさい。
指示2：先生の後について読みます（56ページを読む）。

指示3：ことわざとは何ですか。
教科書に書いてあります。指を置きなさい。
指示4：ことわざとは何ですか。みんなで読みます。
指示5：ことわざの意味に線を引きなさい。
指示6：教科書や辞典からことわざや故事成語と意味を調べなさい。
説明1：そのことわざ・故事成語を使った文を作ります。
説明2：最初はみんなで「ちりも積もれば山となる。」で考えます（一人に意味を問い、言わせる）。
指示7：「夏休みの宿題をやらずにいると、ちりも積もれば山となり、最後の日に一日中やることになった。」のような例文を作りなさい。
指示8：作った例文はGoogleフォームに送りなさい。
指示9：一つの例文やことわざ・故事成語につき一回ずつ、送信しなさい。

下の写真のような質問を作成した。
アンケートの項目は、次の通りである。

ことわざ
*必須
氏名 *
選択
ことわざ *
回答を入力
ことわざの意味 *
回答を入力
ことわざをつかった文 *
回答を入力
送信
フォームをクリア

①出席番号付きの氏名
（プルダウンで選択できるようにした）
②ことわざや故事成語
③そのことわざ・故事成語の意味
④自分で作った例文

25分間で、例文を作らせ、送信させた。

入力結果の一部が、下のスプレッドシートの写真である。一人当たり平均3個のことわざや故事成語を調べて発信している。

調べる時には、国語辞典、ことわざ辞典、インターネットなど様々な媒体を使っていた。

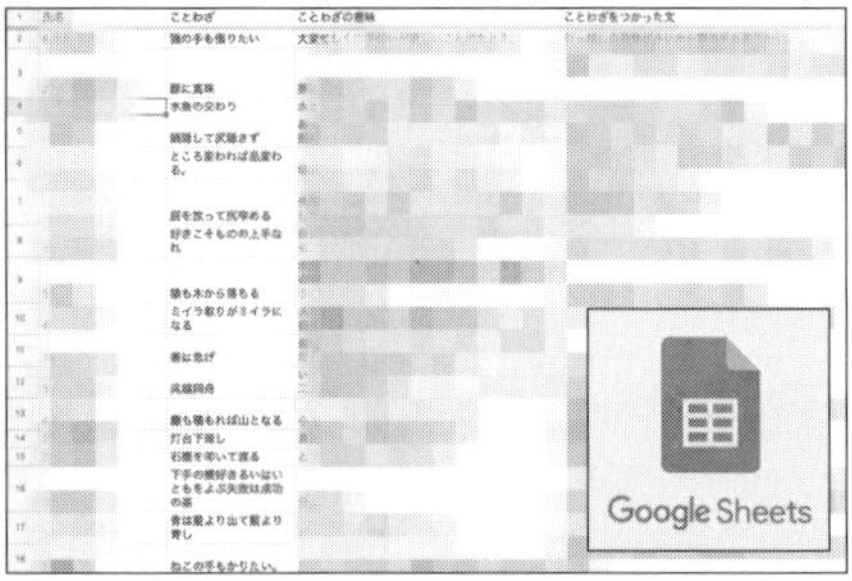

二時間目

導入では、ことわざのフラッシュカードを行う。

指示1：今日は故事成語について調べてもらいます。教科書から故事成語の意味が載っている場所を見つけて指を置きなさい。

指示2：先生の後に読みなさい（「ことわざに似た短い言葉で、…」と場所を追い読みする）。

指示3：五十歩百歩の意味の動画を見ます（教科書のQRコードを読み取り、光村図書の学習動画で確認する）。

指示4：他の言葉も調べます。146ページを開きなさい（巻末のページの故事成語を紹介する）。

指示5：矛盾、推敲、漁夫の利の意味や由来を辞書や辞典から調べなさい。

指示6：調べたページの写真を撮り、送りなさい。

Googleクラスルームの授業として「故事成語」という課題を与え、そこに写真を撮り提出させた。

三時間目

光村図書では「ことわざ辞典を作ろう」という学習活動が紹介されている。

意見を集約して、見やすくするために、Jamboardを活用した。

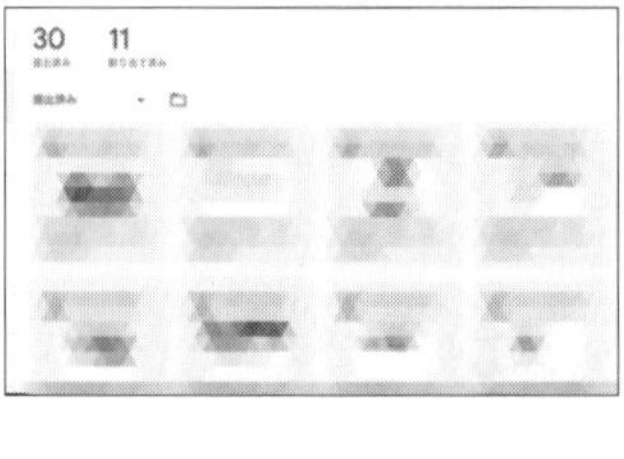

①すきなことわざを一人三つずつえらぶ。
②カードに、ことわざと意味を書く。
そのことわざを使った文も考える。
③みんなのカードを集め、どのような順で綴じるか相

談し、本にする。

四人でのグループ学習とした。学習の①と②は、二時間目に行っているため10分間でさらにことわざを使った例文をGoogleフォームに送信させた。これで一人3個程度のことわざと文作りを終えた。

説明1：グループでテーマを決めてことわざを集めてもらいます。例えば「動物がつくことわざ」、「前向きになれることわざ」などです。

指示1：どんなテーマにするのか班で相談しなさい。みなさんが考えた例文を見ながら決めてもいいです。

指示2：Jamboardにテーマとそれに合ったことわざを集めてもらいます。

指示3：ことわざ、意味、文の三つを付箋に書きなさい。

実際の作品の一部である。

意見の集約は付箋機能のあるJamboardをお勧めする。

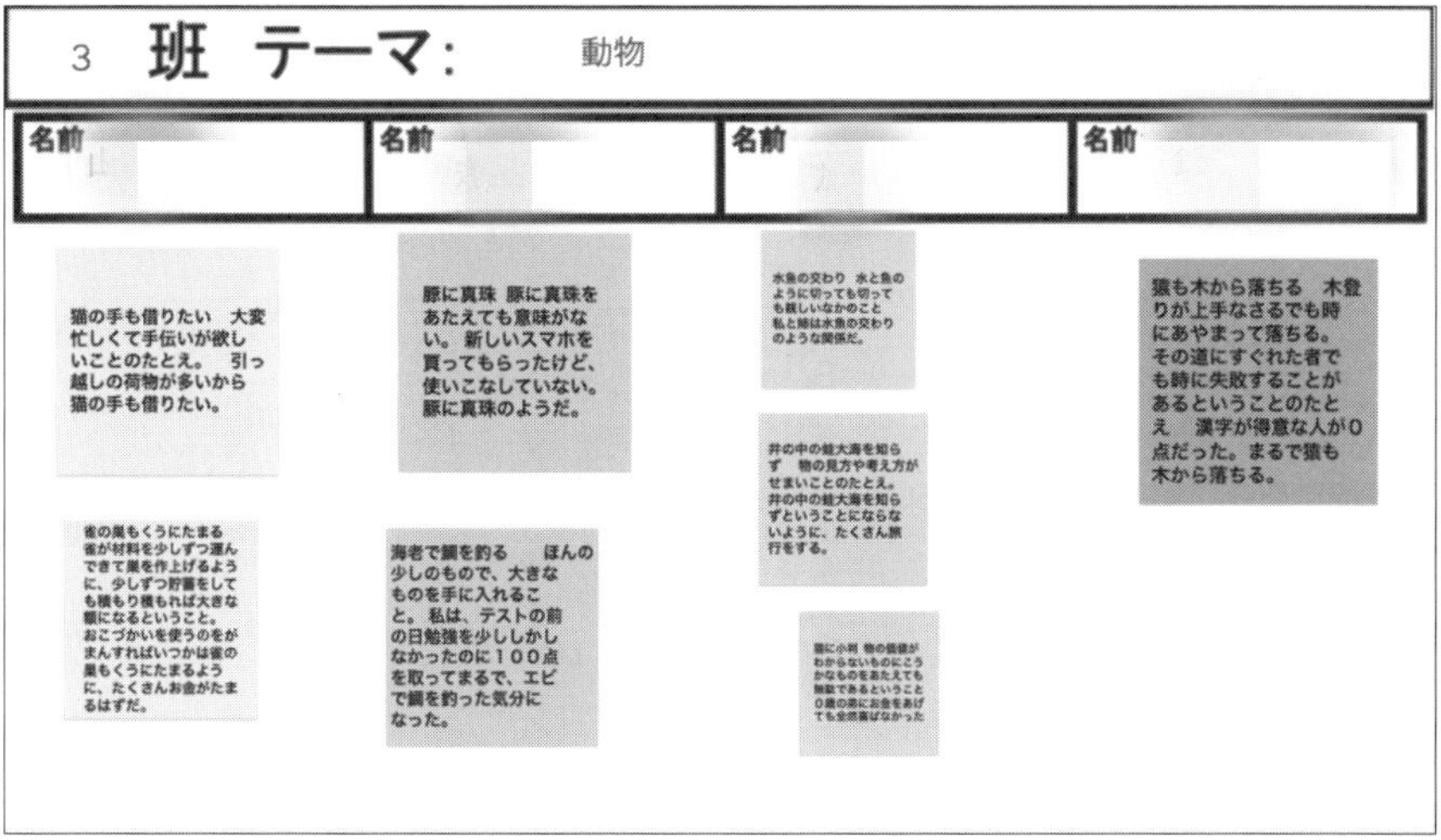

Jamboard

「物語教材」

【思考・判断・表現】

四年生の授業例「読む」―ICT紐づけプラン

どの物語でもできる読み取りの型

▼村上 諒

1「物語の読み取りの型」とは

四年生で学習する物語文は、全部でいくつかご存じだろうか（光村図書四年上「かがやき」の場合）。

五つ

多いと感じただろうか。少ないと感じただろうか。持ち上がりではなく、新しい学年に入った際には、児童に教える機会は多くても五回となる。四年生三月・最後の単元で、子供たちに自力分析する力（一人で読解する力）をつけたい。そう考えると、一回も無駄にはしたくない。どうするか。四月の「白いぼうし」から読み取りの型を児童に与えると、自力分析に近づくことができる。

児童に与える「読み取りの型」

中心人物
物語の中で最も行動や心情が変わった人や動物やものなど

対役
中心人物の行動や心情を最も変えた人や動物やものなど

登場人物
物語の中に出てくる話したり行動したりして物語に関わる人物や動物やものなど

クライマックス（山場）
物語の中で、ガラッと変わったところ

起承転結
物語の中での話の分かれ目

主題
その物語が、最も伝えたいこと。中心となる考え

児童と共通の定義を確認することで、毎回の物語の読みを深めることができる。

中心となる人物という表現が初めて出てくるのが、四年生である。クライマックス（山場）は六年生まで出ない。しかし、四年生の段階から教えて使っていくことで、身につけることができるのである。

※起承転結は難しいので、児童の実態によっては、扱わないこともある。その場合、場面分けのみ行う。

それぞれの物語文の新しい要素

光村図書は、物語文ごとに系統性を意識したつくりとなっている。物語文ごとの目的は次のようになっている。

【白いぼうし】
場面と場面をつなげて読み、考えたことを話そう
【一つの花】
場面の様子をくらべて読み、感想を書こう
【ごんぎつね】
気持ちの変化を読み、考えたことを話し合おう
【プラタナスの木】
登場人物の変化を中心に読み、物語紹介をしよう
【初雪のふる日】
読んで感じたことをまとめ、伝え合おう

教科書の構造としても、自力分析を目指すつくりになっていることがわかる。はじめから、クライマックス（山場）を捉えることや、主題を考えることは難しいかもしれないが、繰り返し指導することで積み重なっていく。

2 五つの物語に共通する指導方法

（1）物語を読む、音読する

① **【範読】**
児童は、形式段落を、聞きながら番号をふっていく。
② **【音読】**
児童が、物語文を音読する。

音読をさせる際には、様々な方法があることもここに紹介する。①点、丸読み、②男女交代読み、③噛むまで（つっかえてしまうまで）読み、④全員読み、⑤たけのこ読み、⑥班で音読、⑦場面音読、⑧指名なし音読、など様々ある。学級の実態に応じて読ませていくとよい。ここではじめに読んだ感想を話し合う活動を入れてもよい。自由に感想を言う時間になる。

（2）人物の検討を行う

はじめに登場人物の検討をするとよい。次のような発問が考えられる。

発問：登場人物は誰ですか。

指示：ノートに書きましょう。

四月に「白いぼうし」を扱うと、このような質問が出るだろう。

「先生、ちょうちょは登場人物ですか。」

その際に筆者は、このように話している。「二年生の時に学習したスイミーで、まぐろは登場人物です。しかし、ゼリーのようなクラゲやブルドーザーのようないせえびは登場人物ではありません」。児童の中で、中心人物や対役に関わらない人物や動物などは、登場人物ではなく風景と一緒であることが理解できる。

さて、登場人物というカテゴリーから、中心人物と対役を探す活動に移行する。ここも丁寧に行いたい。

発問：中心人物は誰ですか。理由も考えます。
指示：発表しましょう。

学級の実態によっては、ノートに書いた後に発表させるなどの方法がある。その際に児童の意見を共有することも重要である。

①たくさん出てくるから
②気持ちや行動が変化しているから

児童の意見で、「読み方の型」に書き足していくことで、次の物語文が出た際に積み重なるのである。対役でも同様に行うとよい。

発問：対役は誰ですか。理由も考えます。
指示：発表しましょう。

ここで解釈が分かれるパターンがある。そのことを検討してもよい（四年生は対役がわかりやすい物語文が多い）。

(3) 内容の検討

①場面分け

場面分けを行う上で、次のことを押さえる。

①時を表す言葉がある

②場所を表す言葉がある

これがわかると、子供たち自身で場面分けをすることができるようになる。発展的に、事件や起承転結などに繋げてもよい。

②場面要約

場面ごとに、要約を行う。

六月のはじめしんしをタクシーにのせた松井さん。

しろいぼうしとちょうちょを見つけた松井さん。

「～中心人物」の体言止めで要約させていく。

③クライマックスの検討

発問例は二つある。

①クライマックスの一文はどこか
②クライマックスの出来事は何か

一文の場合、教科書に線を引かせてから検討させるなどの方法があり、出来事の場合、中心人物の行動に振り返る場合がある。

3 主題はICTで共有する

主題を初めて書かせる際には、「この物語が最も伝えたいこと」「キャッチコピーのようなもの」と伝える。

指示：クラスルームのストリーム投稿のリンクをクリックします。
指示：この物語の主題を書きましょう。

毎回、主題を書かせる際には、全員が見えるような工夫をする。「メンチメーター」がおススメである。下の画像のように入力画面がシンプルでわかりやすい。入力後、意見がビジュアルに共有される。長すぎてすぐに読めない意見を書く子への対策にもなる。

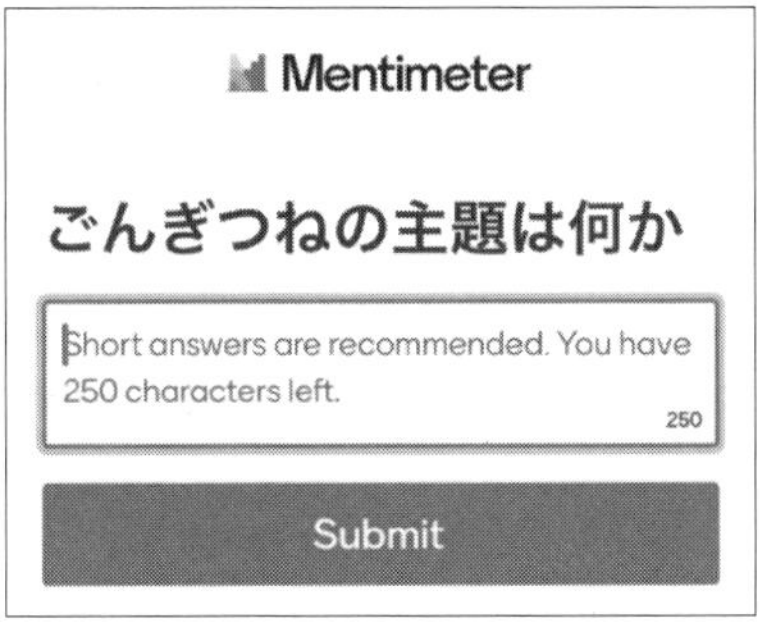
Mentimeter
ごんぎつねの主題は何か
Short answers are recommended. You have 250 characters left.
250
Submit

「くらしの中の和と洋」

【思考・判断・表現】
四年生の授業実例「読む」
説明文の中心となる語や文を読み解き、ICT機器を活用してまとめる指導の方法

▼岩永将大

1 「くらしの中の和と洋」（東京書籍四年下）

『タブレット版「くらしの中の和と洋」を作ろう』という単元を作り、校内に提案した。この単元では、東京書籍「くらしの中の和と洋」という説明文から対比構造を読み取ったり、調べたことを目的に応じて引用したりして、まとめることをねらいとしている。まとめる際は、説明文に記された三つの比較（「最も大きなちがい」「観点」「それぞれの良さ」）をおさえ、Google スライドにまとめていく。

以下、単元の流れを述べる。

〈第一次〉学習課題の設定

第一次ではまず、教材文がすらすら読めるようになるように音読を中心に取り組ませる。そして、本単元のゴールである「くらしの中の和と洋Ｂｏｏｋ」作成に向けた見通しを持たせる。

時間	学習活動〈タブレット端末活用〉	主な評価基準 知技	思判表	主
1〜2	○「くらしの中の和と洋Googleブック」を作成することを知り、学習の見通しを立てる。 ○教材文「くらしの中の和と洋」の内容を手掛かりにして、何について調べるのか、だいたいを決める。			○

〈第二次〉教材文の読み取り

時間	学習活動〈タブレット端末活用〉	主な評価基準 知技	思判表	主
3	○教材文「くらしの中の和と洋」の文章の構成をとらえる。		○	
4〜5	○教材文の「最も大きなちがい」「観点」「それぞれの良さ」を中心となる語や文章を引用したり要約したりしてシートにまとめる。〈Ｇｏｏｇｌｅスライド〉		○	
6	○教科書p.19の紹介文の例を「最も大きなちがい」「観点」「それぞれの良さ」を中心となる語や文章を引用したり要約したりしてシートにまとめる。〈Ｇｏｏｇｌｅスライド〉		○	
7	○教科書p.17の「和」と「洋」の組み合わせから、いくつか選択し、「最も大きなちがい」や「観点」等を実際に考える。〈Ｇｏｏｇｌｅスライド〉			

教材文の大まかな内容を読み取らせるために、中心となる語や文を引用したり、要約したりして、シートにまとめさせる。

ここでは、「最も大きなちがい」「観点」「それぞれの良さ」に着目させ、紹介文を書くために大切なポイントであることを確認しながら進めていく。

要約に関しては、要約の約束（①三つのキーワードを探す②大事な言葉を最後に持ってくる等）を振り返らせる（※1）。

また、視覚的支援を増やして全員が取り組めるようにGoogleスライドを活用させる。

住　　　名前（　　　　　　）

和・・・和室
洋・・・洋室

和室と洋室の最も大きなちがいは、「　　　　　」と「　　」でしょう。

和室は、「　　　　　　　　」仕上げ、あまり「　　」を置かないようにします。

これに対して、洋室は、板をはったり、カーペットをしいたりしてゆかを仕上げ、「　　　　　　　　」など、「　　　　　　　」を置きます。

このちがいが、「　　　　　　　」や、「　　　　　」の差を生み出すと考えられます。

まず、「　　　　　　　」について考えてみましょう。

和室は、～～～～

それに対して洋室は、～～～～

次に、「　　　　　」について考えてみましょう。

和室は、～～～～

一方、洋室は、～～～～

このように和室と洋室には、それぞれの「　　」があります。わたしたちは、その「　　　」を取り入れてくらしているのです。

スライド

（※1）補足：要約指導と岩永学級の反応

発問：今日は、皆がよく知っている桃太郎の話を要約するよ。まず、桃太郎ってどんなお話でしたか。（桃太郎がキジや犬や猿と鬼ヶ島で鬼退治して、最後はお爺さんたちと幸せに暮らす話です。）
指示：では、桃太郎のお話を二十文字以内で要約しなさい。句点（「。」）も一文字に含みます。
説明：では、先生が今から点数を付けます。（その場で採点する）
発問：何か気づきますか。（「桃太郎」と「犬・猿・きじ」を書くと3点ずつ点数が入っています。）
説明：これらが桃太郎の話を要約する時に使いたいキーワードです。でも、もう一つ大切なキーワードがありますよ。（鬼退治だ～。）
指示：大正解！その三つのキーワードを使ってもう一度要約しておいで。
説明：見違えたね～。要約する時は、三つのキーワードを先に選ぶと、うまくいきますね。そして、もう一つ大事なことがあります。それは、三つのキーワードの中から一番大切な言葉を最後に持ってくることです。
発問：今回は、何ですか。（桃太郎です。）
指示：そうです！では、「～桃太郎。」で終わる文に直しておいで。

〈第三次〉タブレット版 Book作成

第三次では、教材文「くらしの中の和と洋」で学んだことを活用して、それ以外の「くらしの中の和と洋」について調べ『タブレット版「くらしの中の和と洋Book」』を作らせる。情報収集の際には、アイディアシートを配付し、「最も大きなちがい」と「観点」をそれぞれ一つ（または二つ）ずつ考えさせる。

最後に『タブレット版「くらしの中の和と洋Book」』を書かせる際には、教科書の紹介文の例を参考にして、書くために必要なアウトラインを全体で確認していく。

全体で確認した後に、Googleスライドで各自まとめさせる。完成後、クラスのみんなでGoogleスライドのコメント機能を使って良さを褒め合うことで、学習のまとめとする。

時間	学習活動〈タブレット端末活用〉	主な評価基準 知技	思判表	主	使用したアプリ
8	○暮らしの中にどのような「和」と「洋」があるかを考え、自分が紹介する「和」と「洋」を決める。〈Ｇｏｏｇｌｅジャムボード〉	○			Jamboard
10〜9	○自分が紹介する「和」と「洋」の違いに繋がる特徴を、本や資料を読んで情報を集め、集めた情報を整理する。〈Ｇｏｏｇｌｅスライド〉〈Ｇｏｏｇｌｅ検索〉		○		スライド
12〜11	○教集めた情報を引用したり要約したりして文章にまとめる。〈Ｇｏｏｇｌｅスライド〉		○		スライド
13	○完成した『タブレット版「くらしの中の和と洋Book」』を互いに読み合い、Googleスライドのコメント機能を使用して感想を交流する。〈Ｇｏｏｇｌｅスライド〉		○		スライド
14	○単元を振り返り、身に付いたことや分かったことなどを確かめる。〈Ｇｏｏｇｌｅフォームズ〉			○	Forms

2 校内研修　九時間目の授業展開

時間	学習活動	指示・発問（子供の反応）
つかむ 3分	1 本時のめあてを知る。	皆さんが前時で選んだ「和」と「洋」の組み合わせを、今日はアイディアシートにまとめていきましょう。
調べる 5分	2 各々が選んだ組み合わせについて、「最も大きな違い」と「観点」を個人でアイディアシートにまとめる。	「最も大きな違い」と「観点」についてアイディアシートにまとめましょう。
伝える 17分	3 各々が選んだ組み合わせについて、「最も大きな違い」と「観点」を班の中で話し合い、アイディアシートにまとめる。 4 アイディアシートの続きを個人でまとめる。	選んだ組み合わせについてどのような観点から比べると良いかを伝え合いましょう。 （最も大きな違いを○○に変えると、続きが書きやすいよ。） （観点は、○○の方が良いのではないかな。）
生かす 13分	5 自分が作成したアイディアシートについて数名が発表する。 6 Googleスライドのコメント機能を活用し、各々が作成しているアイディアシートにコメントをしたり、返事をしたりする。	完成したアイディアシートを読み合いましょう。 聞き終わったら、コメント機能を使って、思ったことや感じたこと、質問などを書きましょう。
振り返る 7分	7 本時の学習を振り返る。	（友達のアイディアシートは、具体例が分かりやすかったです。） （Googleスライドで作成する時に、友達の紹介文を見ることができ、参考になりました。）

【児童の振り返り】

◇和と洋について、自分一人では考えられないことばかり発表されたのでびっくりしました。

◇Googleスライドで「和」と「洋」を比べる時に、「住」があまり思いつかなかったので、家でもう一度考えようと思いました。

【成果】

○言葉にこだわって討論することができていた。

○意見を聞きながら反論を書くという高度なテクニックを児童がとっていた。

○Googleアプリの活用方法が勉強になった。

【課題】

●和室と洋室の「良さ」について、もっと深く扱った方がよかったのではないか。

●画面上で進めてしまうと、振り返って見直すことができない。

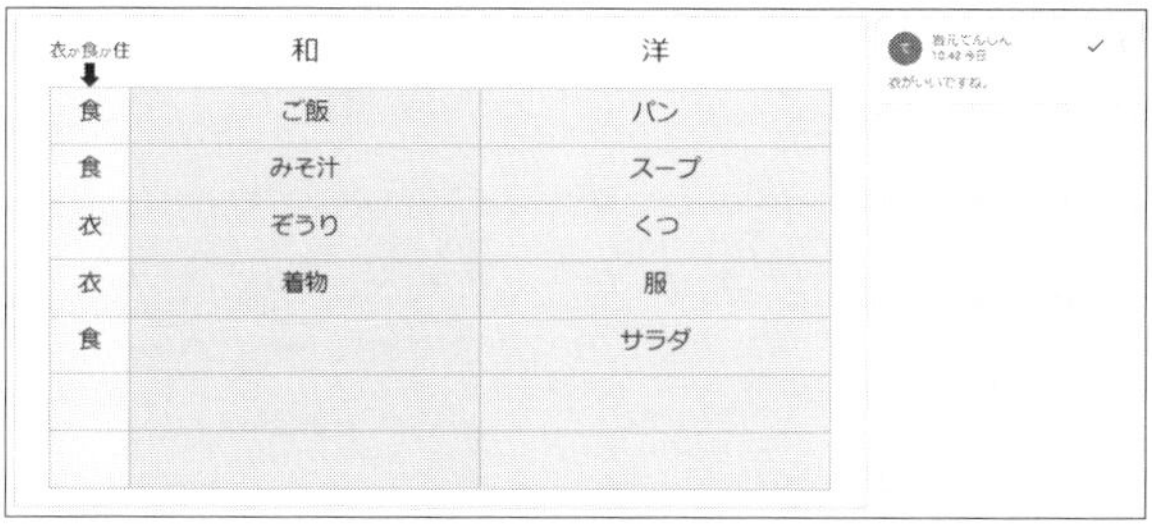

衣か食か住 ↓	和	洋
食	ご飯	パン
食	みそ汁	スープ
衣	ぞうり	くつ
衣	着物	服
食		サラダ

図　アイディアシート

3 補足　完成作品

児童の活動場面を見ると、「消しゴムで消す必要がないため修正が簡単」といったタブレットならではの良さが見えた。

また、児童たち同士で助言をし合う「編集会議」の時間を設けると、紹介文のレベルがどんどんとアップしていった。

住　　名前（　）

和・・・座布団
洋・・・椅子

「椅子」と「座布団」の最も大きなちがいは、「形」でしょう。

「椅子」は、背もたれがあります。

これに対して、「座布団」は、背もたれがありません。

このちがいが、「座り心地」の差を生み出すと考えられます。

今回は、「座り心地」について考えてみましょう。

「椅子」は、長時間座っても疲れません。

それに対して「座布団」も、長く座ると痛くなりますが、スペースをとりません。

このように、「椅子」と「座布団」には、それぞれ良さがあります。

食　　名前（　）

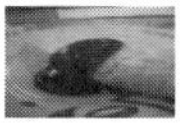

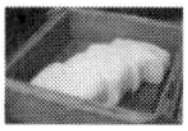

和・・・卵焼き
洋・・・オムレツ

「オムレツ」と「卵焼き」の最も大きなちがいは、「焼きかげん」でしょう。

「卵焼き」は、じっくり焼いてできています。

これに対して、「オムレツ」は、少ししか焼きません。

このちがいが、「食感」の差を生み出すと考えられます。

今回は、「食感」について考えてみましょう。

「卵焼き」は、焼いたらふわふわです。

それに対して「オムレツ」は、焼いたらトロトロです。

このように、「卵焼き」と「オムレツ」には、それぞれ違いがあり、両方に良さがあります。

「新聞を作ろう」

【思考・判断・表現】

どの子も書ける！　新聞作り
－ICTを活用した「執筆→推敲」の学習プラン

▼田中修一

1 書く単元で一人一台端末が大活躍

新聞やパンフレットを作成する書く単元の多くは、推敲と交流の活動が設定されている。

しかし、書くことが苦手な児童は一度書いた作品を書き直すことは難しい。

ここで一人一台端末を活用したい。書く単元で端末を用いることには次のようなメリットがある。

> ○文章やレイアウトの推敲・修正がしやすい。
> ○作品の推敲後の変化がわかりやすい。
> ○作品にコメントし合うなどの交流がしやすい。

特に、文章の書き直しやレイアウトの変更が容易にできることは、書くことが苦手な児童の一助になる。

一人一台端末を効果的に取り入れていきたい。

2 「新聞作り」の授業プラン

光村図書四年上「新聞を作ろう」は、興味のある事柄について新聞にまとめて発信する単元である。新聞はグループで作ることも可能だが、個人でも作成可能である。個人で作成する場合、次のように進める。

> 第一時　新聞を読み、構造や内容を知る。
> 第二時　新聞のテーマ・内容を決める。
> 第三・四時　情報を集める。取材する。
> 第五～七時　新聞を書く。
> 第八時　互いの新聞を読み合う。
> 第九時　新聞を修正する。
> 第十時　新聞を読み合い、感想を伝え合う。
> （必要に応じて取材方法についての指導を行う）

3 新聞の構造を知る

児童一人一人に実際の新聞と太いマジックペンを持たせた状態で指導する。新聞をとっていない家庭も少なくない。事前に古新聞などを集めておくとよい。

指示：新聞の中から探します。見つけたら指で押さえなさい。「新聞名」。
お隣の人と確認します。ペンで囲みなさい。近くに「新聞名」と書き込みます。

新聞の一面に限定し、テンポよく次のものを見つけさせて確認していく。

①新聞名、発行日、発行者
②見出し
③記事（一つの記事の範囲も確認する）
④写真・絵・図・表など

この際、見出しや資料の効果について押さえる。

発問：もし、見出しが「〇〇」だったらどうですか？
もし、写真がなかったらどうですか？

と問うことで、児童はそれぞれの効果を言語化しやすくなる。

4 モデルを示して見通しをもたせる

第一に、完成モデル（もしくは「型」）を示す。児童に作る新聞のイメージをもたせるためだ。

新聞やパンフレットの作成には「Google スライド」がおすすめである。Google スライドは縦書きができないが、レイアウト変更がしやすく、コメント機能による交流もできる。

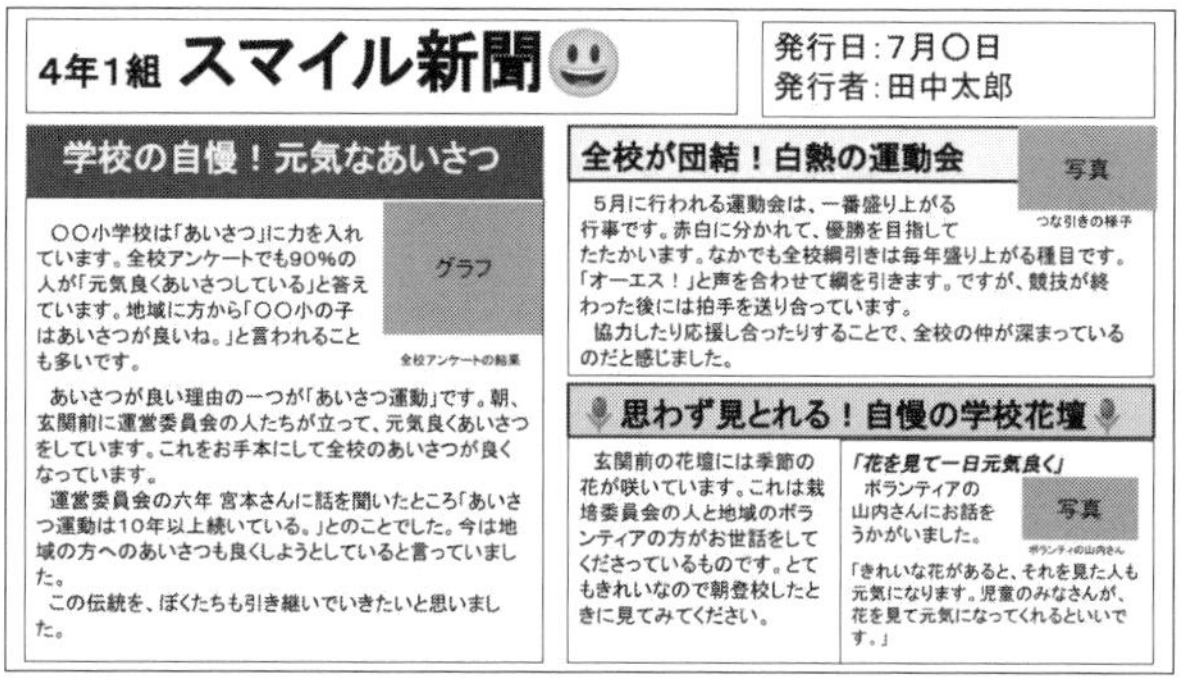
4年1組 スマイル新聞
発行日：7月〇日
発行者：田中太郎

学校の自慢！元気なあいさつ

〇〇小学校は「あいさつ」に力を入れています。全校アンケートでも90%の人が「元気良くあいさつしている」と答えています。地域に方から「〇〇小の子はあいさつが良いね。」と言われることも多いです。

グラフ
全校アンケートの結果

あいさつが良い理由の一つが「あいさつ運動」です。朝、玄関前に運営委員会の人たちが立って、元気良くあいさつをしています。これをお手本にして全校のあいさつが良くなっています。
運営委員会の六年 宮本さんに話を聞いたところ「あいさつ運動は10年以上続いている。」とのことでした。今は地域の方へのあいさつも良くしようとしていると言っていました。
この伝統を、ぼくたちも引き継いでいきたいと思いました。

全校が団結！白熱の運動会

写真
つな引きの様子

5月に行われる運動会は、一番盛り上がる行事です。赤白に分かれて、優勝を目指してたたかいます。なかでも全校綱引きは毎年盛り上がる種目です。「オーエス！」と声を合わせて綱を引きます。ですが、競技が終わった後には拍手を送り合っています。
協力したり応援し合ったりすることで、全校の仲が深まっているのだと感じました。

思わず見とれる！自慢の学校花壇

玄関前の花壇には季節の花が咲いています。これは栽培委員会の人と地域のボランティアの方がお世話をしてくださっているものです。とてもきれいなので朝登校したときに見てみてください。

「花を見て一日元気良く」
ボランティアの山内さんにお話をうかがいました。

写真
ボランティアの山内さん

「きれいな花があると、それを見た人も元気になります。児童のみなさんが、花を見て元気になってくれるといいです。」

第二に、テーマを決める。テーマは興味をもって取り組めるものがよい。「〇〇小の自慢」といったものから「〇〇小に潜む生物」「おすすめの体育館遊び」なども考えられる。テーマは、学級の実態に応じて設定したり選択させたりするとよい。

第三に、記事の内容を決める。これは三つ程度がよい。テーマが学校自慢なら「元気のいいあいさつ」「盛り上がる運動会」「花いっぱいの花壇」などだ。内容が決まった子からノートに書かせて、教師のところに持って来させる。思いつかない児童には例を示す。

5 情報を蓄積する

伝えたいことがより伝わるように、情報を蓄積させる。教科書では「実際に見て調べる」「インタビューする」「本やインターネットで調べる」「アンケート調査をする」ことが例示されている。まずは、身近な人へのインタビューや本・インターネットでの調査を優先させる。もし、アンケート調査をする場合は、対象や方法など学級でルールを決める必要があるだろう。

集めた情報はノートにメモさせていく。写真などは教師が用意するか、指導した上で児童に撮影させる。

6 割付を考え、新聞を作る

事前に教師が、型となるGoogleスライドを作成しておく。児童はそこに記事を打ち込んでいく。型があることで、苦手な子も取り組むことができる。

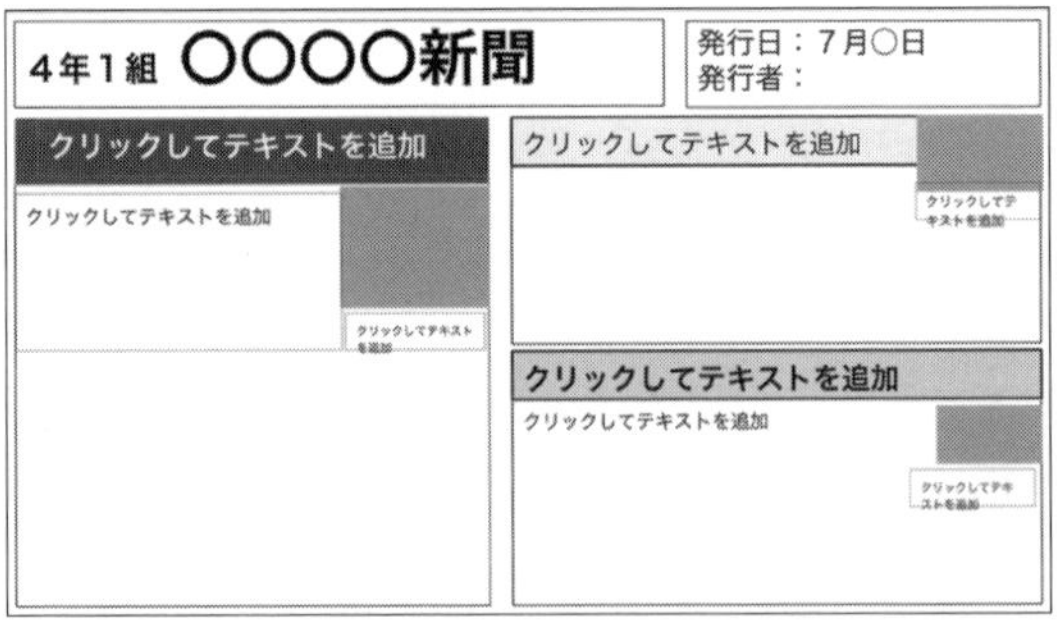

4年1組 ○○○○新聞
発行日：7月○日
発行者：
クリックしてテキストを追加
クリックしてテキストを追加
クリックしてテキストを追加
クリックしてテキストを追加
クリックしてテキストを追加
クリックしてテキストを追加
クリックしてテキストを追加

はじめは教師の作った型に合わせて割付を決めさせる。自分で考えたい児童は変更してもよいことを伝える。テキストボックスを動かすだけなので、簡単にできる。

教科書92ページに記事を書く際のポイントが載っている。教科書に載っている新聞の例を使って指導するとよい。

発問：書き方のポイントに「最初にいちばん言いたいことを書く」ことがあります。この記事のいちばん言いたいことは何ですか。線を引きなさい。

児童のつまずきで多いのが「資料をとりあえず貼り付けている」パターンである。教科書の例でも実際の新聞でも、写真や図には説明書きがある。これは指導しなければばできるようにはならない。

7 ICTの活用で何度でも書き直せるGoogleスライドのコメント機能

記事が書き上がったら、自分で読み直すだけでなく、友達とコメントし合うとよい。

Googleドライブの学級全員がアクセスできるフォルダに、作成した新聞を格納し、数人と読み合う。

読む際には、教科書「たいせつ」にある単元のポイントを加工して、読む視点として与える。

①見出しに、伝えたいことを短く示しているか。
②記事のはじめに、伝えたいことを書いているか。
③写真や図表をつかって、わかりやすくしているか。

Googleスライドは、コメントしたい箇所を指定してコメントを残すことができる。担任する学級で同様の活動をした際、「見出しがわかりやすく、引きつけられます」「せっかく写真があるので、写真についての説明があるとよいです」などのコメントが見られた。

Googleスライドのコメント機能

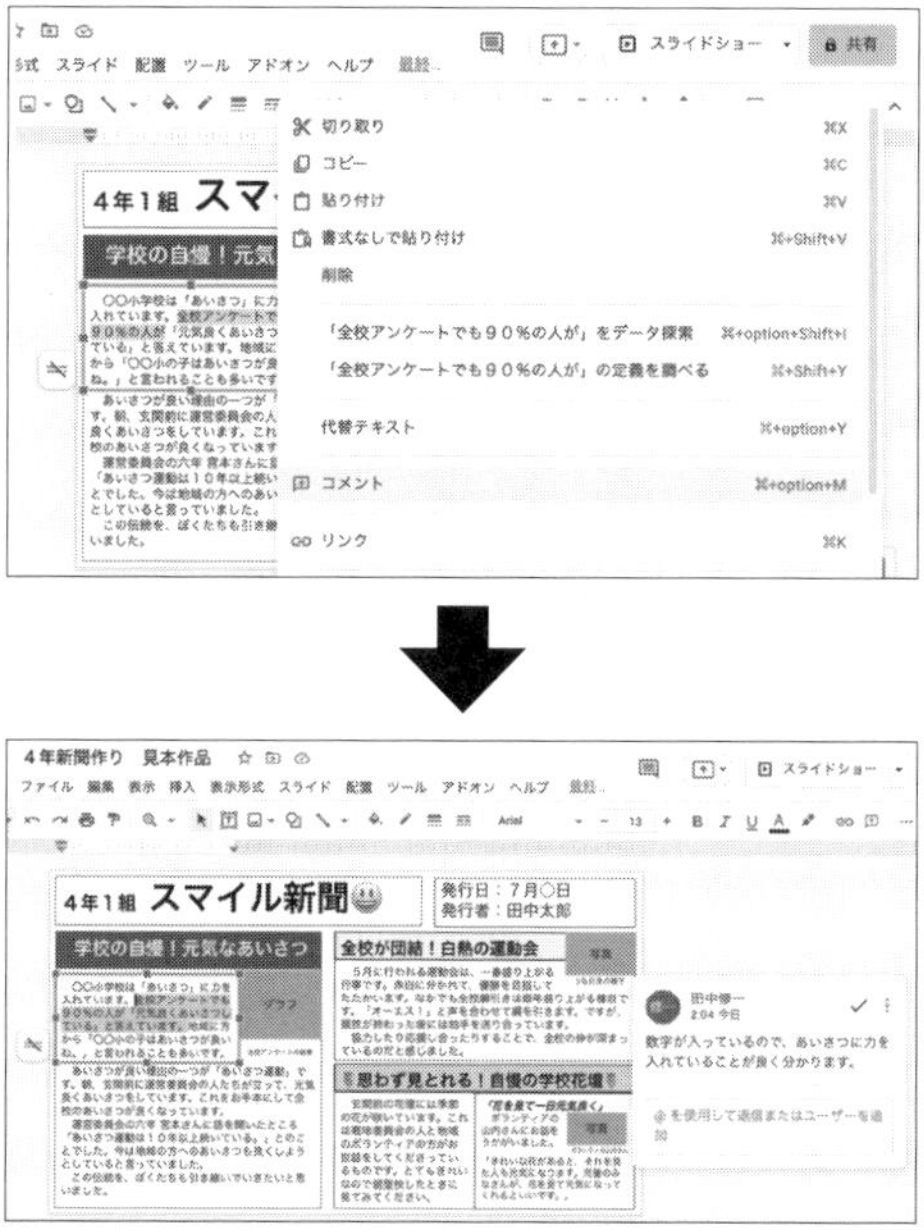

読み合った後、コメントをもとに推敲・修正させる。このステップがあることで、よりよい新聞の書き方に気付かせることができる。

修正する前に、スライドをコピーさせておくのもおすすめである。修正する前後のスライドを見比べれば、新聞がどう変わったのかが一目でわかる。

最終的に完成したものを読み合う場を設ける。

「漢字の組み立て」

【知識・技能】

楽しく作業で習得

－ICTと教科書とノートすべて活用

▼村上 諒

ポイントは、作業化していくことだ。

1 四年「漢字の組み立て」編

光村図書四年上「漢字の組み立て」の単元は、教科書では、次のような順番で示されている。

①五つのへんとつくりの紹介
②かんむり・あし・にょう・たれの説明
③それぞれ代表する漢字の説明
④へんやつくり、かんむり、あし、にょう、たれなどは何に関係するか。

読むところが多く、作業するところがわかりづらい。授業化にあたり、二つの点がポイントになる

①つくりやへんなどに当てはまる漢字をたくさん知る。

②自分で調べたくなるようなしかけづくり。

まずは、知識が重要。作業化をしていく。

説明：うかんむりは五種類あります。
発問：何がありますか。言ってください。

（「くさかんむり、うかんむり、たけかんむり、あめかんむり」のように児童に言わせていく）

指示：うかんむりを赤鉛筆で囲みます。
指示：うかんむりと家と安を丸で囲み、線で結びましょう。

作業のさせ方は、下のようにさせると、子供たちは作業を通して、理解が深まる。同じように、くさかんむりも扱ったら、次のように声をかける。

「あとは、自分でやってごらんなさい」。そうすることで、他の「にょう」「あし」「たれ」も自分たちで作業をすることができるようになる。

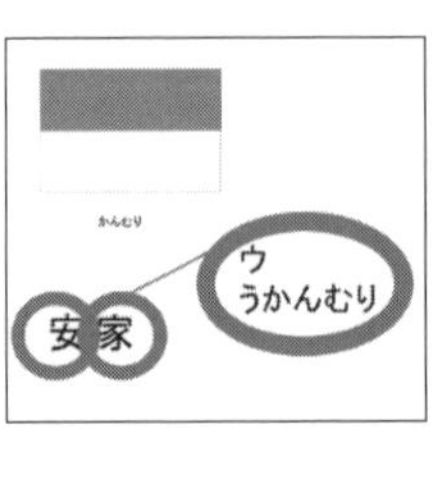

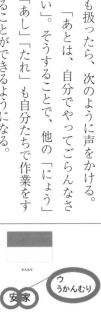

2「漢字の組み立て」×ICT

漢字足し算（原実践・小嶋悠紀氏）をGoogleスライドで作らせる（ロイロノートなど自治体ごとに入っているソフトウェアでも可）。

> **説明：クラスルームに先生の作った見本があります。**
> **指示：うかんむり、くさかんむり、にょう、あし、たれで同じように作ってみましょう。**

作成例（Googleスライドの見本と型をセットで送る）

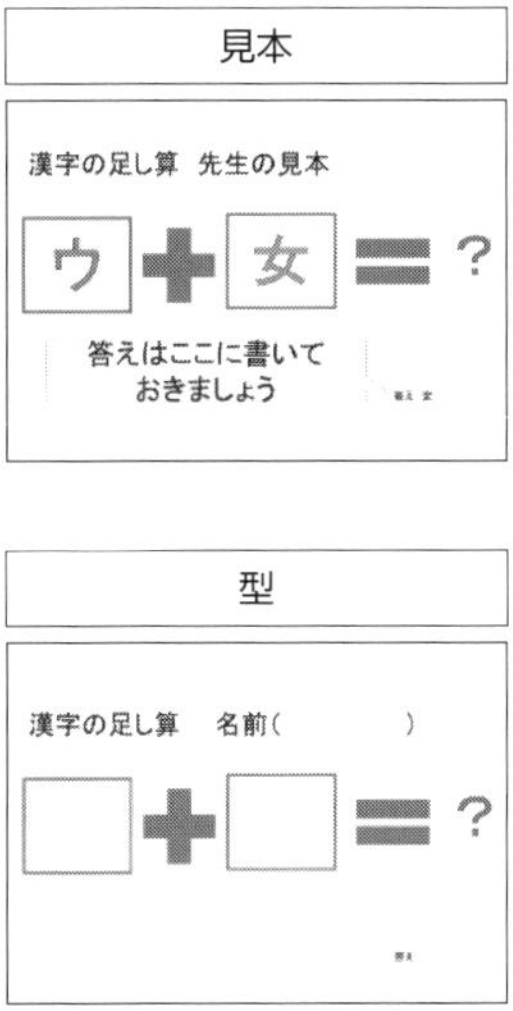

そしてそれらをまとめて送信したり、答えを隠させてクイズにしたりといった活動をさせるという授業展開が考えられる。二時間目には、次のような活動が考えられる。

> **説明：かんむり・あし・にょう・たれと、みなさんは前回までたくさんの漢字の組み立てクイズを作ってきました。今度は意味を考えます。**
> **発問：あめかんむり、何に関係しますか（雨）。**
> **指示：たけかんむり・あし・にょうで同じように調べてごらんなさい。**

この作業は、Google検索だと素早くできる。そして子供たちとやり取りをする中で、意味と漢字の組み立ての意味を共有していく。

> **指示：検索して調べたことを発表しましょう。**
> **指示：たけかんむり→竹の様子　とノートに書きます。**

こうして児童の発言から授業を展開していくと、子供たちの発表したい気持ちに繋がることだろう。さらに子供の疑問に繋げても面白い。例：笑いはなぜたけかんむりか。※由来を調べる際もGoogle検索だと便利である。

3 四年「いろいろな意味をもつ言葉」編

光村図書四年上「いろいろな意味をもつ言葉」の単元は、教科書では、次のような順番で示されている。

①「とる」川崎洋の詩
②とるという言葉には様々な意味があるということの説明と、文脈により意味がわかるという説明
③同じ言葉が入るものの例示
④あがる・たてる・みるを辞書引きする活動
⑤ひくやかけるの使い方

作業だけでなく、今回は次の点を授業に入れたい。

(1)動作化(ジェスチャー)
(2)分類

(1)動作化で、身につける

指示:「とる」川崎洋　自分なりの読み方で読みましょう。
指示:わかったことや気づいたことを発表しましょう。

児童から、「いろんな意味がある」という旨を引き出せれば、褒めることができる。その上で、その他の「とる」を動作化させる。

指示:次の「とる」にジェスチャーしましょう。
①すもうとる(張り手のジェスチャー)
②ぼうしとる(帽子をとるジェスチャー)
③でまえとる(宅配のポーズやジェスチャー)
④ゴミをとる(服をつまむようなジェスチャー)
⑤写真とる(シャッターをきるジェスチャー)

教科書のとる以外のものも動作化(ジェスチャー)をセットでつけることで、様々な意味を体感しながら理解ができる。①でる、②はかる、③なる、④つく、の教科書の事例でも同じように　動作化することで意味を理解しやすくなるだろう。

4「いろいろな意味をもつ言葉」×ICT

(2)分類で身につける(原実践・向山洋一氏)

「かける」という実践がある。※詳しくは学芸みらい社『楽しい国語　授業の法則』向山洋一著より。

発問:かけるとはどういう意味ですか。
指示:ノートに「…をかける」の短い文をいっぱい書きましょう。一文ごとに番号を打ちます。

そして、次に行うことが分類である。分類することで、

子供たちから「いろいろな意味をもつ言葉」を引き出すことができる。子供たちから出た意見を共有する方法は、次の四つがある。

> **①黒板に意見を書かせる**
> **②ノートに意見を書かせる**
> **③ふせんに意見を書かせる**
> **④学習端末を用いて、意見を書かせる**

今回は、学習端末を用いた例を紹介する。ロイロノートなどの自治体が導入しているソフトや、グーグルのジャムボードなどを用いると意見を書いた後の分類がしやすい。教師も意見の集約が楽である。

> **指示：ロイロノート新ページ。かけるを分類しましょう。**
> **説明：例、帽子をかける。何かを支える意味です。**
> **指示：同じ意味をもつものを線で結んでみましょう。**

ロイロノートを用いると、下の写真のように線で繋ぎ分類できる（パワーポイントで再現した写真）。

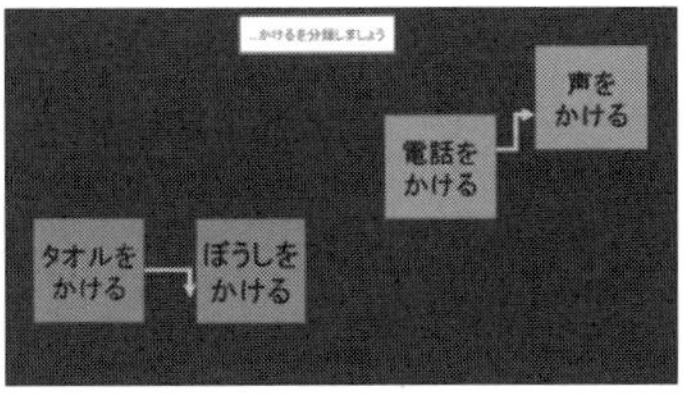

分類した後は、意味を問い、言葉の見方や考え方を深める。同じように「〜みる」を取り上げると、面白い（原実践・向山洋一氏）。

5 熱中する授業の発問例

①慣用句の授業

> **発問：「船を漕ぐ」どういう意味ですか。**
> **説明：居眠りをするという意味です。**
> **指示：このように意外な意味の言葉を調べましょう。**

②熟語の意味の授業

> **発問：高低　強弱　最低　共通点はなんですか。**
> **指示：反対の意味の言葉を箇条書きしましょう。**

調べた後は、端末でクイズを作成するとよい。ノートも教科書も学習端末も、使い分けることでそれぞれのよさを生かすことができる。言語のページはどれも作業化していくことが熱中を生み出すことになる。

「漢字の広場」

【知識・技能】

文字が身に付く漢字のページの教え方ガイド

▼中川聡一郎

1 「漢字の広場」で熱中させるコツ

「え〜、もっとやりたいです！」

「先生！　休み時間にも書いていいですか」

光村図書「漢字の広場」を扱った授業の後に、子供たちから上がった声である。

「漢字の広場」は、既習の漢字を文や文章の中で使う力を身に付けさせるページだ。

次の三つの工夫を取り入れると、冒頭のような声が上がるようになる。

①音読&指さし　②例示　③点数化

光村図書四年下「漢字の広場④」の例を紹介する。

2 音読&指さしで全員を巻き込む

教科書62ページ。漢字の広場④。世界地図。指を置きます。お隣と確認。

指で押さえさせることで、全員がついてきているかを確認できる。

先生の後について読みます（追い読み）。

教師が「世界地図」と読んだら、子供たちも「世界地図」と読む。テンポよく読む。子供が言い終わる前に、教師が次の熟語をかぶせて読むとよい。

指で押さえながら読むのですよ。今、どこを押さえていますか。お隣と確認。

合間に確認を入れていく。全員を巻き込むためである。

一通り追い読みをした後に次の指示を出す。

自分で一回読んだら座ります。全員起立。

今読んだ漢字をもう一度自分で読ませる。起立させることで、読み終わった子とそうでない子が明確になる。声を出させるだけで、教室は活気づく。「読み」の習得という点でも「音読」は重要な活動だ。

音読の後、次のような活動を取り入れても面白い。

先生が読んだ漢字を、できるだけ早く指で押さえます。読みを言いながら押さえるのですよ。

次々に漢字を読み、全員を巻き込んでいく。十問ほどやる。さらに、隣同士で対決させる。

教科書を一冊、ペアの間に置きます。対決です。早く押さえた方の勝ちです。

対決となると、子供は燃える。度々「勝った人！」などと確認する。「はい！」と元気いっぱいの声が返ってくる。教室はどんどん熱気に包まれていく。

3 例示でやることを明確にする

（1）簡単な例示をする

テーマ設定と例文を教師が範読し、大枠をつかませる。整理すると以下のようになる。

ある日の学校の様子です。どこで、どんなことが行われていますか。想像したことも加えて、文章に書きましょう。

⇦ 条件を整理

【条件①】場所（どこで）＋内容（どんなこと）
【条件②】想像したことを加える

いきなり条件①②を盛り込んで書かせると混乱する。例示をしながら、少しずつ取り入れていくのが賢明である。

「指名」という熟語を使って文を作りなさい。

熟語を限定して文を作らせる。例えば「先生が男の子を指名しています」という文ができる。場所が入っていない。発表したことを褒め、次のように言う。

おしい。九十五点。理由が言える人？

何人かの手が挙がる。発表させて「その通り！　どこでと聞かれていました」と確認。問いに正対することを教える。場面を限定して例示することもできる。

図書室の中の熟語を使って文を作ります。できたら立ちます。

「教室で先生が男の子を指名しました」といった文ができる。立った子から次々に発表させていく。何が何だかわからなかった子も、友達の発表を聞いているうちに「なんだ、そういうことか」とわかってくる。

発表した人は、今作った文をノートに書いておきます。

次の指示を出しておくと、空白が生まれない。

(2) 工夫させる

条件の一つに「想像したことを加える」がある。これをどう扱うかで、子供たちの書く文も変わってくる。例えば、次のような工夫ができる。

今考えた文にセリフを入れてごらんなさい。

すぐに思いついた子に言わせる。「教室で先生が『太郎君、どうぞ』と言って男の子を指名しました」といった文ができる。数人に発表させたり、隣同士で言わせたりする。自由度が高く、面白い文章が登場する。他にも「名前を付ける」などの工夫ができる。

4 点数の付け方を示す

例示をした後は、ノートにどんどん書かせていく。

このページに出てくる熟語を使って、できるだけたくさん文章を作りなさい。できたら見せに来ます。

熟語を使ったら、斜線（／）で消させる。できた子から見せに来させ、教師は○だけをつける。早い子には黒板に書かせる。例文がずらっと並ぶ。書くこと

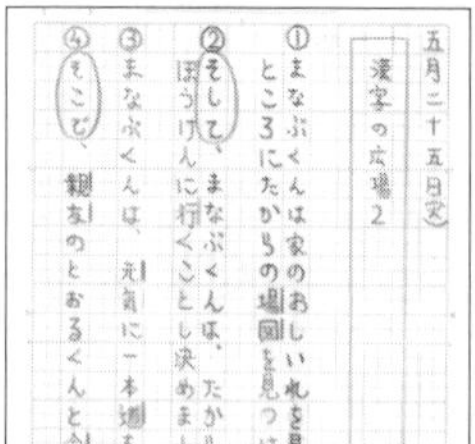

が苦手な子は、それらを参考にして書くことができる。○をもらった子は、席に戻って続きを書く。

少し時間を置いたところで、点数の付け方を示す。漢字一つ十点。教科書にない漢字も認める。教科書にあるすべての熟語を使ったらボーナス五十点とする。多くの子がすべて使うことを目指すようになる。教師は机間を回りながら、「すごいな！」「そんなに書いたのか！」と驚いて褒める。子供の意欲は焚きつけられる。

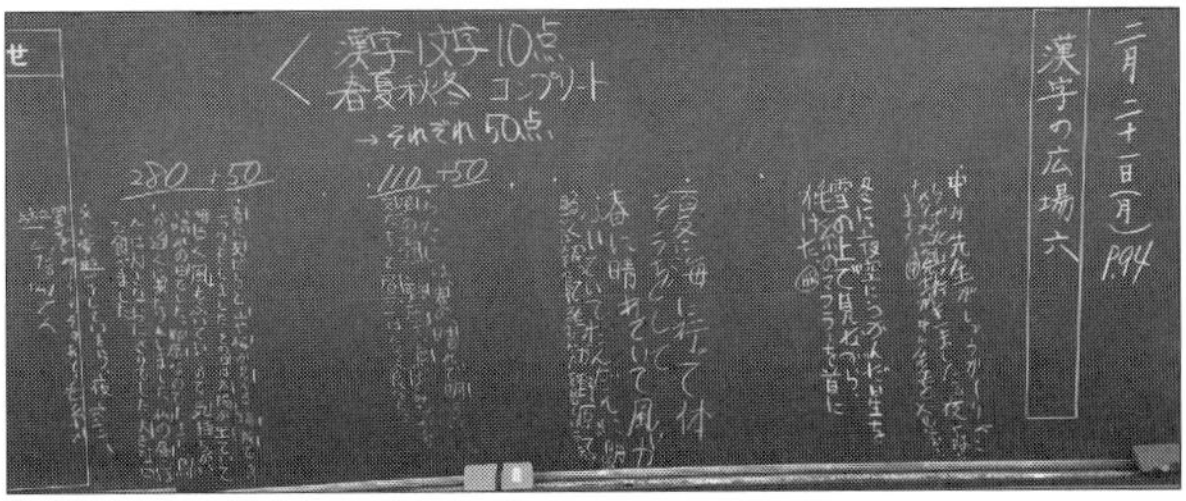

⑤自分たちで採点させる

授業時間が残り十分くらいになったところで、採点を始める。黒板に書かれた文章で実演するとよい。

①漢字一つ	十点
②セリフ一つ	十点
③教科書にある熟語をすべて使用	五十点

使った漢字に赤で線を引きながら数えていきなさい。

自分たちで点数を出させ、ノートに書かせる。その後、点数を発表させる。例えば次の方法がある。

全員起立。自分の点数が言われたら座ります。十、二十、三十……

一番書いた子が最後まで残る。授業の終わりにこう告げる。

もし文章を付け足して、今よりも点数が増えた場合は、先生に教えてくださいね。

休み時間に書く子がいたら、思いっきり褒めてあげるのである。

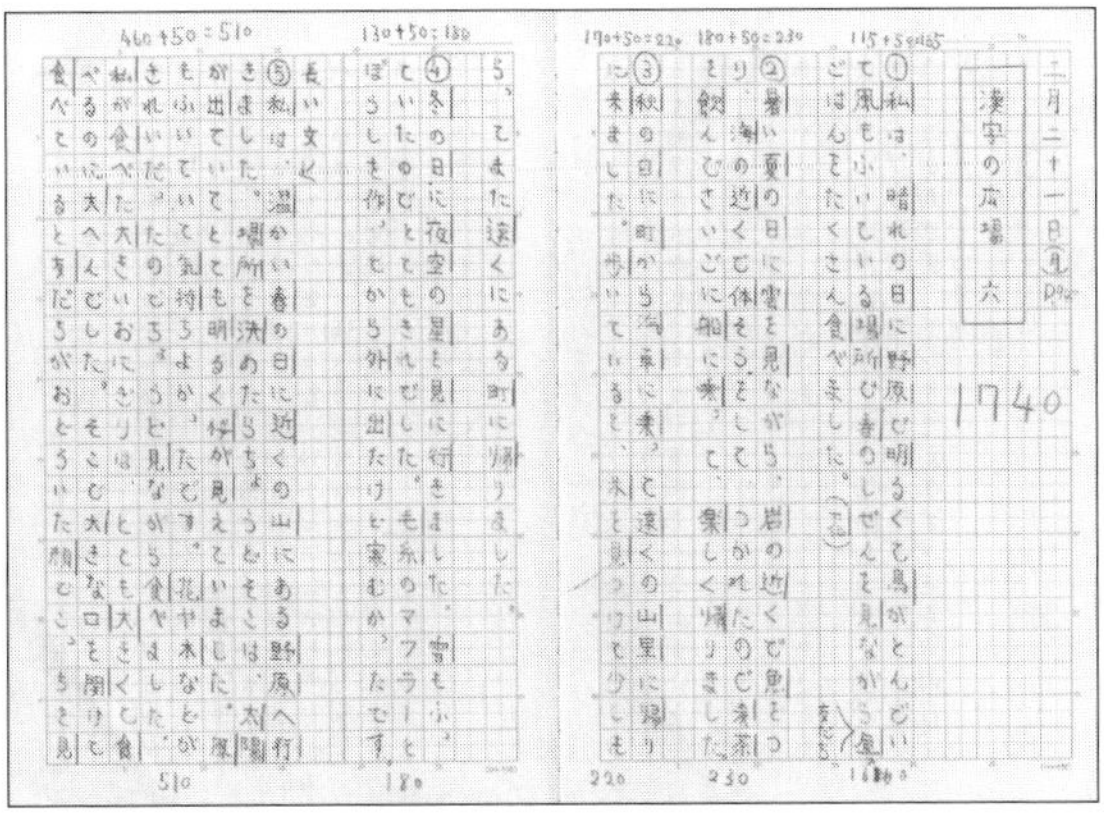

「あなたなら、どう言う」

話す・聞く力がつく 対話のページの教え方ガイド

▼山本東矢

1 対話のページの指導ポイント

光村四年上118ページの対話のページ。三時間単元。「あなたなら、どう言う」の教え方をガイドする。

指導ポイントは以下だ。

①たくさん会話をさせる。理由をしっかり言わせる。
②役割を交代して話すことができる。
③良い言い方、悪い言い方を知り、できるようになる。
④聞いているチームは、いいところをメモする。

大きなポイントはこれだ

①スモールステップで指導をする。
②友だちの良いところを言うようにする。

2 指導概略

全体の流れ（4年　あなたならどういう）

0 **二人組で共通見つけ**（会話の準備運動）
1 **対話のやり方、状況確認**
2 **とりあえず練習で対話の流れつかみ**
3 **いい話し方を考え、発表する**
4 **4人組会話。二人がいい行動をみる**
5 **発表させていい動きを確認**
そして、再度練習
6 **対話の習熟練習**
7 **違う場面での練習**
「大人とあなた」設定

3 実際の指導

〈一時間目〉

0 二人組で共通見つけ（会話の準備運動）

①今日は、話す勉強です。

隣の二人と好きなお話をします。
ただ七秒何も言えなかったらアウト。座ります。
全員起立。ずっと話して、座らなかった組がすごい
です。では会話開始。

（会話をする）

②上手にお話ができていますね。すばらしいですね。

③もうちょっとやるよ。
四月初めにした、「同じところ見つけ」をします。

違う二人組を組んで。組んだら座ろう（組む）。

④その二人で二分間、話します。
同じところをいくつ見つけられるかな？

（二分間、話をする）

⑤三つ以上見つけたチーム、すばらしいね。
お話の準備運動ができたね。それでは本番。

1 対話のやり方、状況確認

⑥教科書118ページ、開きます。対話の練習。
「あなたなら、どう言う」です。

⑦お姉さんと弟がいます。お姉さんの立場、読んで。「これから友だちが遊びにくるので、部屋をきれいにしたいと思っている」
弟の立場、読んで。「たなをそうじするために、おもちゃや本を出していた」

⑧なり切って会話をしてもらいます。

〇君たち、見本でお願いします。

姉「ちょっと、何でこんなに汚いの、友だちがくるのに片付けてよ。あんたはいつもこうなんだから」

弟「いや、綺麗にするところで、いま全部出しているんだよ……」（続きは自由にさせる）

⑨上手ですねえ。いろいろなお姉ちゃん、いろいろな弟がいるので、自由に会話してね。
じゃんけんをします。勝った方が、お姉ちゃんか弟かを選べます。どうぞ（じゃんけんをする）。

2 とりあえず練習で対話の流れつかみ

⑩それでは、選んでやりましょう。終わったら座ってね。
できるだけ長く会話してね（会話させる）。

⑪上手ですねえ。では、交代。

3 いい話し方を考え、発表する

⑫今回は、上手にお話をするのが大事です。お姉さんは、何と言えばいいのでしょうか。

⑬Aさんの列どうぞ（優しく言えばよかったです）（もっと強く言えばよかったと思います）。

⑭弟は、どう言えばよかったのですか。発表（まずは謝ればいいと思います）。

⑮無理して、ケンカをする必要はありませんね。ケンカをしない方法で話をする練習をします。

4 四人組会話。二人がいい行動をみる

⑯四人組。その中で二人組を作ります。片方をAチーム。もう片方をBチームとします。

⑰Aチーム立って。では、そのAチームが話します。Bチームはその話を聞いて、いいところやちょっと惜しいところを考えます。では開始。

（活動をする）

5 発表させていい動きを確認。そして、再度練習

⑱いい話合いでしたよ。では、四人でいいところ、惜しいところや感想を言いましょう（話し合う）。

⑲どうだった？（～～さんの弟役が、すごく素直でいいと思いました。～～さんの弟役が全然言うことをきいていなくて、弟っぽいと思いました）。

⑳なるほど、そういう時は、お姉ちゃんはどうしたらいい？（それでも優しく言ったらいい）。なるほどー、難しいけどそうしたらいいね。他にも気をつけることはありますか？（発表したことを板書させる）。

㉑それでは、黒板に書いたことに気をつけてがんばろう。反対のチームが話します（会話をさせる）。

㉒では、△さんの列、やった感想をどうぞ（～～さんは、うまかったです。なぜかというと、優しく言っていたからです）。

6 対話の習熟練習

㉓違う四人組を組みます。同じようにやります。弟役、姉役の両方をやりましょうね。

〈二時間目〉

㉔言葉の準備運動をする。班で同じところ見つけをする。

（うなずき、あいづちがある子をほめる）。

7 違う場面での練習「大人役とあなた」設定

㉕「大人役とあなた」という設定でやります。大人役はお父さん、お母さん、おばあちゃん、誰でもいいです。汚している人はあなた自身の設定。

㉖まずは、二人組でやりましょう（組んで会話）。

㉗四人組を組んで。一組がやって。もう二人は観察します。前と同じですね（会話をする、相手はみる）。

㉘いいところを言うタイムです。どうぞ（よいところを言う）。

㉙この二人がいいというチーム、教えてください。

㉚では、やってみましょう（見本をみる）。

㉛上手ですねえ。何がうまいの？（いろいろなことを発表する）。

㉜そうだね。そういうことに気をつけようね。

4 指導の系統性

「言葉の準備運動」で会話慣れをさせる。そして、その後に「聞く単元」「対話の練習」となっている。徐々に話す聞く力を高めるようになっている。

話す聞く力がまだ育っていない児童が多い時は、見本で会話をする児童を多くする等の配慮がいる。

何よりも大事なのは楽しく会話をすることだ。

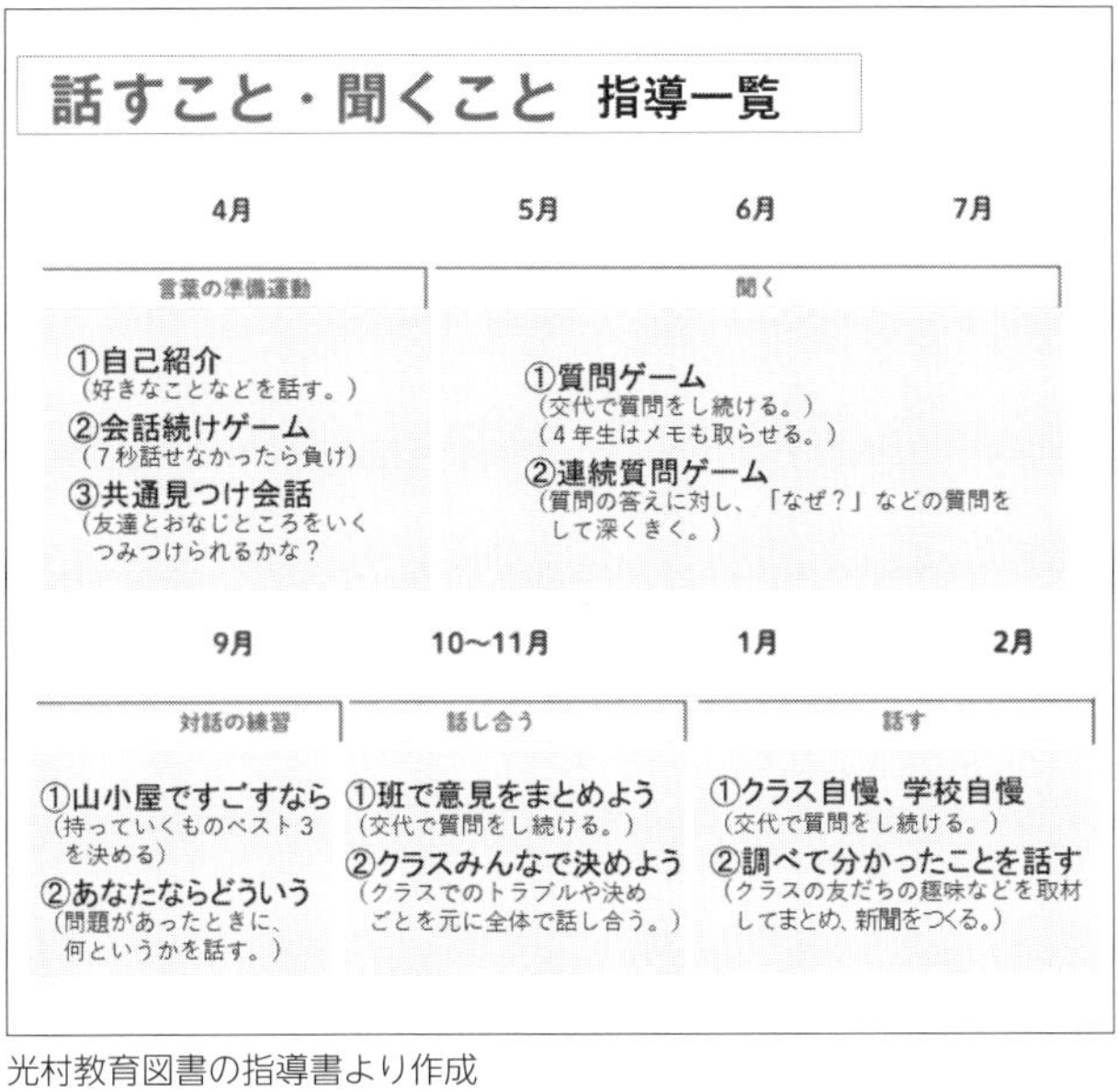

話すこと・聞くこと　指導一覧
4月
5月
6月
7月
言葉の準備運動
聞く
①自己紹介（好きなことなどを話す。）
②会話続けゲーム（7秒話せなかったら負け）
③共通見つけ会話（友達とおなじところをいくつみつけられるかな？
①質問ゲーム（交代で質問をし続ける。）（4年生はメモも取らせる。）
②連続質問ゲーム（質問の答えに対し、「なぜ？」などの質問をして深くきく。）
9月
10〜11月
1月
2月
対話の練習
話し合う
話す
①山小屋ですごすなら（持っていくものベスト3を決める）
②あなたならどういう（問題があったときに、何というかを話す。）
①班で意見をまとめよう（交代で質問をし続ける。）
②クラスみんなで決めよう（クラスでのトラブルや決めごとを元に全体で話し合う。）
①クラス自慢、学校自慢（交代で質問をし続ける。）
②調べて分かったことを話す（クラスの友だちの趣味などを取材してまとめ、新聞をつくる。）

光村教育図書の指導書より作成

「まいごのかぎ」「三年とうげ」

【思考・判断・表現】読む力がつく物語ページの教え方ガイド 初心者でも簡単に授業できる教科書ガイドに沿った発問・指示

▼利田勇樹

1 どの物語文でも使える共通のものさし

教科書の学習ガイドに沿った授業展開例。学習ガイドに沿っているため、教師も子供たちも「次に何をするのか」を把握しやすくなる。学力低位の子も安心して取り組むことができる授業展開例を紹介する。

（1）「まいごのかぎ」（光村図書三年上）

第1時：音読＋辞書引き
第2時：音読＋場面分け（学習ガイド「とらえよう」より）
第3時：音読＋気持ちの変化の読み取り（学習ガイド「ふかめよう」より）

第1時：音読（追い読み・一人読みなど繰り返し読ませる）＋辞書引き

第2時：音読・場面分け【とらえよう】

指示1：「この物語は六つの場面に分かれます。一つめは一番はじめの文章ですね。「海ぞいの町に」の上に1と書きます。

発問1：一つめと二つめで分かれるところはどこですか。指を置きます。隣と確認しましょう（実態によっては教師が教えてもいい）。68ページ10行目と11行目の間ですね。線を引きなさい。

指示2：「通りぞいにある」の上に2と書きます。

指示3：6の場面までやってごらんなさい。

1 66ページ1行目「海ぞいの町」

場面	よけいなこと	何が起きたか	りいこの様子や気持ち
1	こうしゃの絵の手前にかわいいうさぎがつけ足をした。	友達がくすくす笑った。	・はずかしくなって ・白い絵の具をぬって、うさぎをけしました。 ・うさぎにわるいことをしたなあ。 ・うつむいていって
2	さくらの木にかぎをさした。	つぼみがふくらんで・・・	
3			

②68ページ11行目「通りぞいにある」
③71ページ7行目「さらに下っていくと」　以降略。

指示4：場面ごとに「りいこ」がした「①よけいなこと」と「何が起きたのか」についてまとめましょう。

またその時の、りいこの気持ちや様子がわかる言葉や文を教科書からさがして書きましょう。

第3時：音読・りいこの気持ちの変化【ふかめよう】

発問1：りいこの気持ちは、はじめと終わりで、どのように変化しましたか。「はじめは～」「終わりは～」とノートに書きましょう。

発問2：りいこの気持ちの変化に最も影響を与えたのはどの出来事でしょうか。ノートに書きましょう。

①さくらの木にかぎをさしたこと。
②ベンチにかぎをさしたこと。
③あじのひらきにかぎをさしたこと。
④バスの時刻表にかぎをさしたこと。

指示1：その理由をノートに書きましょう。

（参考：①TOSSランド3年光村国語「まいごのかぎ」指導案　ワークシート保坂雅幸　②まいごのかぎ　指導計画　武田晃治）

（2）「三年とうげ（光村図書三年下）」

第1時：音読＋辞書引き
第2・3時：場面＋組み立て（学習ガイド「とらえよう」より）
第4時：変化の読み取りと主題（学習ガイド「ふかめよう」より）

第1時：音読（追い読み・一人読みなど繰り返し読ませる）＋辞書引き

第2・3時：場面をたしかめ、「三年とうげ」の組み立てをとらえる【とらえよう】

発問1：「三年とうげ」は、どのようなとうげですか。
（あまり高くない、なだらかなとうげ）

発問2：春に咲く花は何ですか。
（すみれ、たんぽぽ、ふでりんどう）

発問3：秋に咲く花は何ですか。
（かえで、がまずみ、ぬるでの葉）

発問4：登場人物が三人います。誰ですか。

（おじいさん・おばあさん・トリトル）

発問5：三年とうげは四つの場面に分かれます。一つめはどこですか（一番はじめです）。そうですね。66ページの上に1と書きなさい。

発問6：二つめはどこですか（68ページ11行目「ある秋の日のことでした。」です）。

先生何と言うと思いますか（②と書きます）。正解！　では続きをやってごらんなさい（③70ページ12行目「そんなある日のこと」、④76ページ4行目「ところで」）。

発問7：おじいさんに三つの出来事（事件）が起こります。どのような出来事ですか（おじいさんが三年とうげで転んでしまったこと。トリトルがアドバイスしたこと。おじいさんの病気がなおったこと）。

発問8：②、③、④の場面で大切な言葉（キーワード）を三つずつ書きましょう。

② ①三年とうげ　②病気になる　③おじいさん

③ ①トリトル　②もう一度転ぶ　③おじいさん

④ ①三年とうげ　②病気がなおった　③おじいさん

発問9：②、③、④の場面を次の条件で、短くまとめましょう。

条件1：文字数は、句読点を含めて30文字以内。

条件2：文の最後は「～おじいさん。」とします。

ヒント：大切な言葉（キーワード）をつなげると、内容を短くまとめることができます。

② （例）三年とうげで転び、病気になったおじいさん。

③ （例）トリトルに三年とうげでもう一度転ぶよう言われたおじいさん。

④ （例）三年とうげで何度も転び、病気がなおっ

場面をたしかめ、「三年とうげ」の組み立てをとらえる。

①春に咲く花
すみれ、たんぽぽ、ふでりんどう

②秋に咲く花
かえで、がまずみ、ぬるでの葉

③登場人物
おじいさん・おばあさん・トリトル

④大切な言葉（キーワード）

② ①三年とうげ　②病気になる　③おじいさん

③ ①トリトル　②もう一度転ぶ　③おじいさん

④ ①三年とうげ　②病気がなおった　③おじいさん

② 三年とうげで転び、病気になったおじいさん。

③ トリトルに三年とうげでもう一度、転ぶよう言われたおじいさん。

④ 三年とうげで何度も転び、病気がなおったおじいさん。

たおじいさん。

発問10：一番ふさわしいまとめはどれですか。

第4時：おじいさんの変化を読み取り主題を考える**【ふかめよう】**

発問1：おじいさんは、はじめと終わりでどのように変わりましたか。「はじめは～」「終わりは～」という形でノートに書きなさい。

（例：はじめは、三年とうげで転び、病気になった。終わりは、三年とうげで何度も転び、病気がなおった）

発問2：おじいさんを変えたものは何でしょうか（トリトルのアドバイス）。

> **説明1：物語には、「作品を通して伝えたいこと」があります。それを「主題」と言います。昨年やった「スイミー」は、「協力すれば物事を成し遂げられる」「浦島太郎」は、「約束は守らねばならない」などが考えられます。**

発問3：三年とうげの主題は何ですか。ノートに書きなさい。

例：私は、三年とうげの主題は、「病気は気持ち次第である」だと考える。なぜなら、おじいさんの病気はトリトルの助言通り、三年とうげで何度も転んだだけでなおってしまったからだ。

　このように「学習ガイド」に基づき、授業することで、「叙述（本文の記述）」を根拠に読解し、自分の考えをもつ力を高めていきたい。

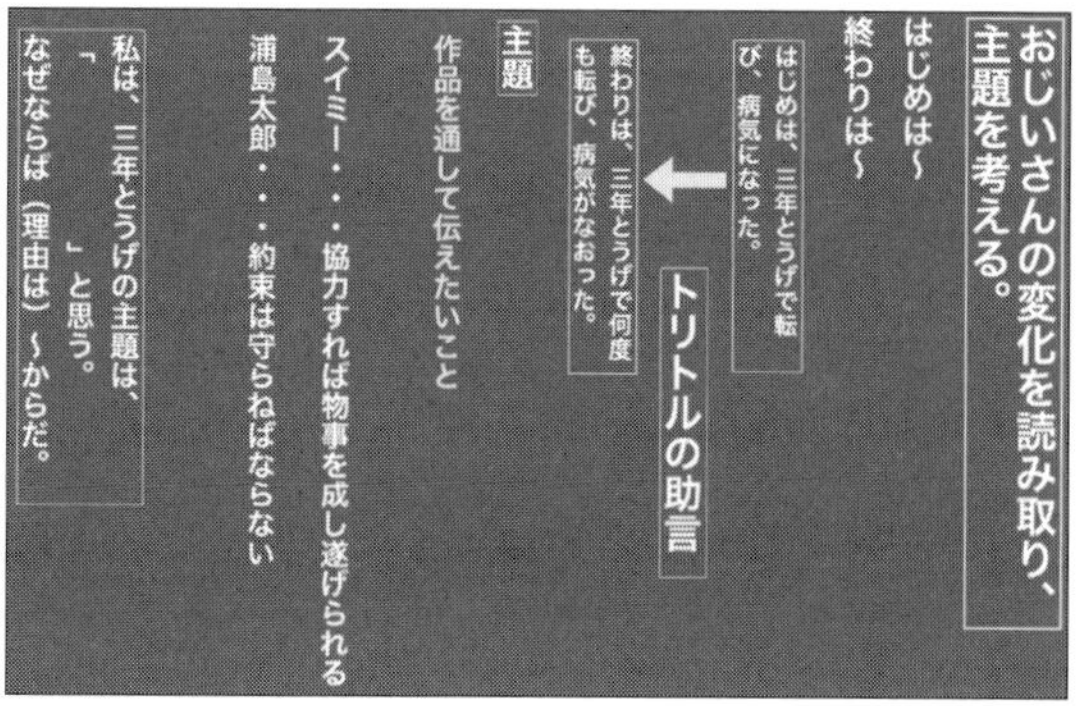
おじいさんの変化を読み取り、主題を考える。
はじめは～
終わりは～
はじめは、三年とうげで転び、病気になった。
終わりは、三年とうげで何度も転び、病気がなおった。
トリトルの助言
主題
作品を通して伝えたいこと
スイミー・・・協力すれば物事を成し遂げられる
浦島太郎・・・約束は守らねばならない
私は、三年とうげの主題は、「　」と思う。
なぜならば（理由は）～からだ。

板書等をカラーで確認できます。

〈参考：①ランド『三年とうげ』光村国語指導案&ワークシート保坂雅幸氏
②向山型国語初心者による三年とうげの指導吉田真弓氏※発問先行実践：高橋健司氏〉

「ヤドカリとイソギンチャク」

【思考・判断・表現】

単元構造を知って楽々指導！ どの学年でも、どの説明文でも、単元構造を知れば授業ができる！

▼岩永将大

1 説明文の授業パーツ8

説明文は八つの授業パーツを意識すると、授業しやすくなる（図1）。

〈一〉十回以上の音読と段落番号をふる
〈二〉はじめ、なか、おわりに分ける
〈三〉問いの段落と答えの段落を見つける
〈四〉結論、問題提起の段落を見つける
〈五〉段落の中心となる一文（トピックセンテンス）を見つける
〈六〉具体例を要約する
〈七〉文章全体を要約する
〈八〉要旨をとらえる

図1　単元構造

説明文は、大きく「問題提起」「具体例」「結論」で組み立てられた文章である。文学教材と違って、解がはっきりしているのが特徴である。

図1で授業パーツ8（単元構造）を示したが、「〈三〉問いの段落と答えの段落を見つける」に関しては、「問いの段落」や「答えの段落」が無い場合もあるため、あらかじめ教材研究が必要である。

2 各パーツの授業展開例（発問・指示）

〈一〉十回以上の音読と段落番号をふる

読み物教材を授業する際は、「十回以上音読させる」ことが、最低条件だ。この十回以上は、一部の子だけではなく、一人残らず全員に、である。そのため、教材文に入る前から、先行して読んでおくとよい。

例えば、「漢字の広場」や「漢字辞典の使い方」などの単元の時だ。また、必ず段落番号を教科書に記入させる。後の授業展開で活用できるからだ。

《前半》

指示：教科書のタイトルの隣に、丸を十個書きます。丸の大きさは、小指の爪の大きさです。
　先生が書くように書いてごらんなさい。

《後半》

指示：班全員ができたら、「班でセット」で持っておいで。

説明：文章の中に、ぼこっとへこんでいるところがありますね。この部分のことを、段落と言います。

指示：一つ目の段落に①と書きなさい。

指示：この物語は、全部で、「○○段落」です（最初に明言してあげる）。
　班で協力して書き込みなさい。

指示：班全員ができたら、「班でセット」で持っておいで
（早くできた班には、意味調べをさせる）。

〈二〉はじめ、なか、おわりに分ける

説明：全体を、「はじめ　なか　おわり」の三つに分けます。

発問：最初の分かれ目に線を引いたら、持ってらっしゃい
（○か×かのみを伝え、次々に教科書を見ていく）。
（約半数が来たら席に着かせて答え合わせ。）

発問：最後の分かれ目に線を引いたら、持ってらっしゃい
（最初と同様にする）。

指示：ノートを開いて黒板を写しなさい。

〈三〉問いの段落と答えの段落を見つける

①「問い」を確認する。
(1)問いの段落はどれですか。
(2)問いの一文はどれですか。
(3)問いの一文字はどれですか。

②「答え」を確認する。
(1)答えの段落はどれですか。
(2)答えの文はどれですか。
※問いと答えの対応を検討する。
(3)この問いは不十分です。
何か、付け加えなさい。

〈四〉結論、問題提起の段落を見つける

説明：説明文には、結論、具体例、問題提起を述べている段落があります。

発問：問題提起を表す段落はどこですか。

発問：結論を表す段落はどこですか。

〈五〉段落の中心となる一文（トピックセンテンス）を見つける

指示：段落の中心となる一文を探しなさい。

※通常は、段落の第一文か第二文にトピックセンテンスがある。

〈六〉具体例を要約する

指示：第一段落を二十字以内で要約しなさい。

指示：班で協力します。
残りの段落を全て二十字以内で要約して、ノートに書きなさい。

〈七〉文章全体を要約する

発問：筆者の主張があるのはどの段落ですか。

※通常は、「答えの段落」の「答えの一文」となる。

指示：全体の文章を三十字以内で要約しなさい。

〈八〉要旨をとらえる

要約と要旨は違う。その作品の中心思想となる中心的な事柄が「要旨」だ。最も重要なキーワードを使って、要約文よりもさらに端的に表すことになる。

だから、要約文よりも短くなる。

なお、「要旨」が説明的な文章に使われ、「主題」は文学的な文章に使われる。

発問：筆者は何を言いたいのですか。

3 説明文『ヤドカリとイソギンチャク』（東京書籍四年上）の実践例

実際に、教室で行った実践例を〈三〉と〈六〉〜〈八〉を中心に紹介する。

〈三〉問いの段落と答えの段落を見つける

発問：問いの文は何段落にありますか（二段落です）。

発問：その中でも、どの一文が「問いの文」ですか（「なぜ、ヤドカリは、いくつものイソギンチャクを貝がらに付けているのでしょうか。」の一文です）。

発問：答えの文は何段落にありますか（六段落です）。

発問：では、答えの一文はどれですか（「ヤドカリは、イソギンチャクを自分の貝がらに付けることで、敵から身を守ることができるのです。」です）。

更に、次のように展開した。

指示：この答えの文は、90点です。問いの文に正対していません。直してごらんなさい。

児童の一人がつぶやいた。

「『なぜ』だから、「の」を「から」に変えなくてはいけません」。

〈六〉具体例を要約する

説明：要約をする時は、①三つのキーワードを選ぶ、②一番大切な言葉を最後に持ってくる、と学習しましたね。

指示：まずは、第一段落の要約をしましょう。

第一段落から第四段落までは、全員で一つずつ丁寧に確認していった。

そして、残りの段落は班での活動とした。段落ごとに担当班を決め、できた班から写真のように板書させた。

〈七〉文章全体を要約する

発問：結論が書かれている段落を探しましょう（十二段落です）。

指示：十二段落を中心に三十文字以内でまとめましょう。

指示：三つのキーワードの確認します（イソギンチャク・助け合う・ヤドカリ）。

完成した要約文は、

「イソギンチャクとたがいに助け合って生きているヤドカリ。」（27文字）

となった。

〈八〉要旨をとらえる

結論の段落（十二段落）の言葉を根拠に要旨（筆者がこの説明文を通して、読者に最も伝えたかったこと）を考えていく。

発問：さっきの三つのキーワードの中で、筆者が一番伝えたかった言葉はどれですか（たがいに助け合って生きている、です）。

発問：では、この言葉の主語は、何ですか。

ヤドカリとか、イソギンチャクでいい？

（先生、全ての生き物は助け合って生きています。それをヤドカリの例を通して伝えたかったのだと思います）

納得の解であった。一単元の授業を通して、子供の確かな成長を感じ、授業を終えた。

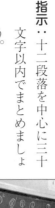

「気もちをこめて『来てください』」

【思考・判断・表現】

表現力がつく作文ページの教え方ガイド

モデルを示し、誰もが書ける

▼利田勇樹

作文ページ。型やモデルがあれば、子供たちは進んで書くことができる。学習ガイドに沿った授業展開例を以下に示す。

（1）「気もちをこめて『来てください』」（光村図書三年上）

第1時：教科書を読み、案内する文章の書き方を知る（追い読み、交代読み・指名読み）。【決めよう・あつめよう】

指示1：62ページに「森川さんの手紙」があります。ついて読みます。

指示2：そっくりそのままノートに写します。

第2時：案内の手紙を書く相手を決めて、内容を考える。【決めよう・あつめよう】

> **発問1：何の行事のことをお知らせしますか。**

（運動会）

> **発問2：誰にお知らせしますか。何人か考えましょう。**

（保育園の先生、お家の人、お世話になった先生……）

指示1：その中から一人選びます。

指示2：手紙で伝えることを考えて、メモに書きましょう。

日時	場所	自分がすること	気持ち

第3時：メモをもとに、案内の手紙を書く。【組み立てよう・書こう】

教科書にある例文を分類して読み、モデルを全体で共有すれば、どの子も作文できる。以下に、実際の授業展開例を示す。

指示1：62ページ「森川さんの手紙」を開けます。

指示2：「森川さんの手紙」を分析します。先生と同じところに番号を振りなさい。

①緑がきれいなきせつになりました。高村先生、お元気ですか。ぼくは元気です。
②こんど、ぼくが通う小学校で運動会が開かれますので、ごあんないします。
③日時　五月三十日（土）
午前九時から午後三時
④場所　ひかり小学校　運動場
⑤ぼくは、八十メートル走とダンス、つな引きに出ます。毎日、れんしゅうしています。どれも力いっぱいがんばるので、ぜひ見に来てください。
⑥五月十二日
⑦森川そうた
⑧高村みちる先生

板書等をカラーで確認できます。

①はじめのあいさつ
②何のあんないか
③日時
④場所
⑤することや頑張っていること、気持ち
⑥書いた日
⑦自分の名前
⑧相手の名前

指示3：では、森川さんの文章を読みます「①緑がきれいな……」。

説明1：他にも「風がさわやかなきせつになりました」。

発問1：他にどのような言葉が思いつきますか。

（新しいクラスになって1ヶ月がたちました。・すごしやすいきせつになりました。）

指示4：②〜④はほとんど同じですね「こんど〜ます」。

指示5：森川さんの文章を読みます。「⑤ぼくは、八十メートル……」。

指示6：自分が出る種目を書きます。

（わたしはリレーと玉入れに出ます。）

発問2：頑張っていることなど気持ちを書きます。例えばどのようなことが思いつきますか。

（バトンをわたすれんしゅうをがんばっています。）

〈参考：光村国語三年上「気もちをこめて『来てください』」指導案ワークシート保坂雅幸氏〉

（2）「感動を言葉に」（光村図書四年下）

教科書の学習の進め方は、次のようになっている。

①詩に書くことを決める。
②詩の組み立てを考える。
③言葉を選んで、詩を書く。
④友達の詩の工夫を見つける。

しかし、このままやると、子供たちは「何を書いていいかわからない」ことになってしまう。そこで、教科書の例をもとにして、詩を作らせていく。以下に授業展開例を述べていく。

第1時：教科書の詩を読み、自分で詩を作る。

指示1：教科書に詩があります。音読します。

谷川俊太郎の「およぐ」を読む。

発問1：この詩には、どのような工夫がありますか。できるだけたくさんノートに書きます。

指示2：教科書にも工夫が書かれていますね。読みます。

説明1：短く言うと次の三つの工夫がありますね。

①例え
②繰り返し
③様子を表す言葉

指示3：もう一度、読みます。

工夫を意識させる。

説明2：谷川俊太郎さんの「およぐ」は次のような形になっています。

みずが〜だって、ぼくないた
そしたら〜して
へんだな、〜

指示4： この形をまねして作ってごらんなさい。

第2時： 型をもとに連を作る。

説明1： 昨日の学習した型を使い、詩を作ります。

> **発問1：谷川俊太郎さんの「およぐ」は何に心を動かされた詩と言えますか。**

（水です。）

説明2： そうですね。つまり「水」をテーマにした詩です。

> **指示1：身の回りのものを一つ選んで、テーマを決めなさい。**

型を再掲する。

> **○が～だって、ぼくないた**
> **そしたら～して**
> **へんだな、～**

学習した三つの工夫を使っている子を大いに褒める。

「えらいな～太郎ちゃん。これは昨日習った例えを入れているんだね。次郎ちゃんは繰り返しを入れているから楽しい詩になったね」などと大袈裟に褒める。そのことで、クラスに良い工夫を波及させていく。

〈参考：心の動きを言葉にして詩を書こう「感動を言葉に」祖父江開氏〉

板書等をカラーで確認できます。

「白いぼうし」

【思考・判断・表現】

子供が熱中する向山型要約指導
まず基本的な「方法」を教え、「活用」させる

▼佐藤智彦

1 要約指導は、こう始める（初期指導）

（1）要約の授業は熱中する

「あの授業、おもしろかったなぁ」

「うん、あれはおもしろかった」

三月。四年生の子供たちが、教室でしみじみと発した言葉である。何の授業か。『桃太郎』の要約の授業である。

「向山型要約指導」の一つで、要約指導の最初に行うべき授業だ。要約の方法を簡単に教えることができ、子供たちも熱中する。次のように進める。

まず、「体言止め」を指導する。
次に、『桃太郎』の話で「要約」を指導する。

（2）まず、体言止めを指導する

四年生の四月に授業した実践を紹介する（※1）。

1 「昨日、コナンが学校に行った。」という文を提示し、ノートに写させる。

2 指示「この文の最後に『学校』が来るように書き直しなさい。句点は一個だけです」

3 ノートを持って来させ、できていたら丸をつける。丸をつけた子に黒板に書かせる。書けない子に写させる。

4 指示「今度は最後に『コナン』が来るように書き直しなさい」（3と同様にする）

5 指示「最後に『昨日』が来るように書き直しなさい」（3と同様にする）

6 「モノの名前」（名詞）で文を終わらせることを「体言止め」ということを教える。

7 アニメ『ドラえもん』などの主題歌の歌詞を提示する。句点を打たせ、体言止めを探させる。

昨日、コナンが行った学校。
昨日、学校に行ったコナン。
コナンが学校に行った昨日。

モノの名前《名詞》で文を終わらせることを
体言止め
と言います。

8　各自に、体言止めで文を書かせる。

（3）次に、『桃太郎』の話で要約を指導する

「向山型要約指導」の初期指導は以下の通り行う。

1　指示「桃太郎の話を二〇字以内にまとめます。ノートに書きなさい。句読点も字数に入れます」

2　早くできた子に板書させる。

3　板書された文に一〇点満点で点数をつける。点数には根拠がある。「桃太郎」という言葉を使っていれば三点、「鬼退治」で三点、「犬・猿・きじ」で三点、さらに「桃太郎。」と体言止めになっていればプラス一点である。ただし、日本語としておかしな文ならば、極端に減点する。

4　指示「桃太郎の話で大切な言葉を三つ書きなさい」（桃太郎、鬼退治、犬・猿・きじ）

5　指示「三つの言葉から、一番大切な言葉を選びなさい」（桃太郎）

6　指示「三つの言葉を入れて二〇字以内でまとめます。『桃太郎』で終わるようにしなさい」

7　書けた子の中で、まだ一度も黒板に書いてない子に板書させる。教師が点数をつける。満点の文は、例えば「犬・猿・きじと鬼退治をした桃太郎。（一七字）」となる（※2）。

①大切なキーワードを三つ選ばせる。
②最も大切なキーワードを一つ選ばせる。
③そのキーワードを体言止めにし、二〇字以内で作文させる。

これが要約指導の基本だ。学級の実態に応じて二五字以内の要約とし、「犬、さる、きじとおにたいじをしたももたろう。（22字）」としてもよい。三年生でも実践が可能だ。

なお、体言止めにするのは強調のためだ。体言止めは、強調のレトリック（修辞法）である。これも学級の実態に応じて教えてよい。

話や本、文章の内容を短くまとめることを、要約と言う。

要約の方法
①大切な言葉を三つ考える。
②最も大切な言葉を一つ選ぶ。
③最も大切な言葉を体言止めにする。

模範解答
犬、さる、きじとおにたいじをしたももたろう。（22字）

体言止め

2 要約指導は、こう進める（教科書指導）

(1) 四年生　物語文『白いぼうし』

四月に行った要約指導の実践を紹介する。物語文『白いぼうし』を一人一〇回以上音読させ、「体言止め」を教えた後、場面ごと二〇字以内で要約させた。

一　おふくろの夏みかんを車にのせた松井さん。
二　夏みかんに白いぼうしをかぶせた松井さん。
三　女の子をのせて菜の花橋まで行く松井さん。
四　女の子が消えて小さな声を聞く松井さん。

サイドラインの言葉が、大切なキーワードである。「松井さん」が最も大切なキーワード（物語における「中心人物」と言う）だから、体言止めにする。

この時点では、子供たちは要約に慣れていない。

「□□□□の□□□□を車にのせた□□□□。」

このように四角の中のキーワードを埋めさせるようにした。子供たちは教材文を読み、適切なキーワードを探して、ノートに要約文を書いていた。

要約後、この物語の構造は起承転結だと教えた。

(2) 四年生　説明文『思いやりのデザイン』

光村図書 四年生国語 上巻には、説明文『思いやりのデザイン』を、百字程度で要約する学習がある。

全文要約では、まず、三〇字以内で要約させる。

最初から百字程度で要約はさせない。子供たちの要約文がバラバラになるからだ。筆者の主張と論理を無視し、自由に要約文を作らせるのは指導ではない。

三〇字以内の全文要約は、こう行う。

1　本文を一〇回以上読ませる。
2　発問「最も重要な段落は何段落ですか。近くの人と相談してごらんなさい」
3　数人に発表させる。五段落の「このように」というまとめを表す語句に気付く子がいるだろう。
4　発問「五段落は、二文あります。どちらの文が重要ですか。近くの人と相談しなさい」
5　それぞれの意見を聞く。二文目が重要だと思う子に発表させれば、一文目を詳しく表す「つまり」や、題名と同じ「思いやりのデザイン」などの語句に着目しているはずだ。

6　指示「二文目から大切なキーワードを三つ選びなさい」（「インフォグラフィックス」「見る人の立場」「思いやりのデザイン」）

7　指示「最も大切なキーワードを体言止めにして、三〇字以内で要約してごらんなさい」

最も大切なキーワードは「思いやりのデザイン」だ。

「インフォグラフィックスは見る人の立場で作る思いやりのデザイン。」これだと三一字である。

「インフォグラフィックスは見る人の立場の思いやりのデザイン。」二九字だが、日本語としておかしい。

ここで「一つのキーワードを少しだけ変化させて、なんとか三〇字以内にしなさい」と指示するとよい。

三一 → 二七字

インフォグラフィックスは見る人の立場で作る思いやりのデザイン。（→ への）

三一 → 二八字

インフォグラフィックスは見る人の立場で作る思いやりのデザイン。（→ を思いやる）

右のように字数を削れたら、爆発的に褒めるべきだ。

①最も重要な段落を探させる。
②その中で最も重要な一文を選ばせる（重要な文を補完する文がある時は、その文も含める）。
③大切な三つのキーワードを選ばせ、最も大切なキーワードを体言止めにして作文させる。

このように三〇字以内で要約させてから、百字程度の要約へとつなげる。三〇字以内で要約させた文を一文目に置き、「なぜなら」や「例えば」を用いて、理由や例示を書かせれば、次のような文章が出来上がる。

「インフォグラフィックスは見る人の立場を思いやるデザインだ。なぜなら、相手の目的に合わせて、どう見えると分かりやすいのかを考えてデザインされているからだ。例えば、街の案内図がそうだ。（九〇字）」

四年生下巻の説明文『世界にほこる和紙』の二百字以内の要約、五年生の説明文『言葉の意味が分かること』の一五〇字以内の要旨などにも使える方法だ。

〈参考文献〉※1『子どもが論理的に考える！〝楽しい国語〟授業の法則』向山洋一著／学芸みらい社／二四～三六頁
※2『向山型国語教え方教室』呼びかけ号／明治図書／一四～一七頁

「図書館たんていだん」

【知識・技能】
情報を集める力がつく調べ学習の教え方ガイド
調べる方法は全て教えよう

▼村上　諒

1 情報は調べなければ、集まらない

クラスで聞くところから、スタートする。朝の会などで聞くとよい。

> 発問：最近知ったニュース。何で知りましたか。
> 指示：発表しましょう。

テレビや伝聞が多いだろう。高学年になるとスマートフォンなどもニュースの情報源となるが、中学年はほとんどがこの二つになることと思う。

> 発問：何か調べたいものがあった時、何を使いますか。
> 指示：発表しましょう。

児童から、①本、②テレビ、③インターネット、④インタビューなどが出てくれば、後の作業の際に役に立つ。

このように、学習に入る前に情報は、何もしないで入ってくるものと、調べなければ集まらないという前提条件を教える必要がある。

2 調べ学習の実際・三、四年生の系統性

光村図書三年上「わかば」、四年上「かがやき」で、調べ学習に関する内容は次のようになっている。

> 【三年生】
> ▼単元名　図書館たんていだん
> ①図書館の活用の仕方
> ②日本分類十進法
> ③本のつくり・背表紙の見方
> ▼単元名　国語辞典を使おう
> ①辞書の使い方
> ②辞書による情報検索の方法
> その他　インタビューの仕方

三年生は、主に学校でできる調べ学習に重きが置かれていることがわかる。また、直接聞くことも情報の集め方であると教えることも重要である。

【四年生】
▼単元名　図書館の達人になろう
①本を探しやすくする図書館の工夫
②地域の図書館（PC、資料、映像、新聞）
▼単元名　聞き取りメモのくふう
インタビューについて
▼単元名　百科事典での調べ方
見出し語について
▼単元名　調べて話そう、生活調査隊
アンケート調査について

教科書が作成されたのはコロナ前なので、インターネットはないが、学校→地域と調査範囲を広げていることがわかる。

3 調べ学習の方法一覧

三年生だから、調べ学習に百科事典を使わない、書いてないからインターネットを使わないということではなく、次のことが大切になる。

調べ学習の方法は、すべて提示しておく

これをしておくと、他教科横断的に調べ学習の幅を広げることができる。

子供たちと、共有しておくべきことは調査方法だ。この中のどれがよいか選択をさせたり、悩んでしまう子には、これはどう？　とアドバイスをしたりするなどの方法が考えられる。

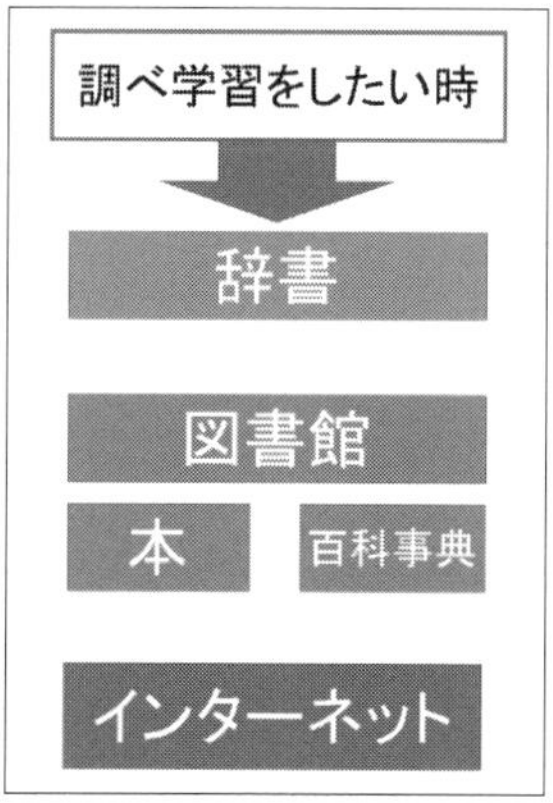

4 図書館を使った　調べ学習の方法

子供たちに「図書館で調べなさい」と言っても、いきなり調べ学習はできない。そこで重要なことがある。次のことである。

①図書館司書さんに事前にテーマを伝えておく
②児童には聞き方指導をしておく

この二つを行うことで、自然と調べるテーマにそった本を児童は集めることができる。また、面白い方法として、次のような方法もある。朝の会などで

①「クジラってさ、魚ではないんだよね」
②「川の水って誰のものなのかな」

教師がわざと答えを言わないことで子供たちが、調べたくなるようなしかけづくりをするということである。きっとこんな声が上がるだろう。

「先生、調べたいです。図書館使っていいですか」

5 ICTを使った　調べ学習の方法

調べ学習において、最も手軽にできる方法としてあげられることがある。

一人一台端末である。

ローマ字を習う前でも、手書き入力の練習を低学年のうちから行っていれば、三年生でも使いこなすことができる。しかし、課題もある。

児童は、効果的な検索方法を知らないということだ。

そこで、「検索の仕方の授業」や「音声で情報を集めるやり方の授業」をする。授業展開例を紹介する。

①「検索の仕方の授業」

説明：検索エンジン。検索欄に、文字を入れると検索できますね。
発問：次の検索方法で、よりヒットするのはどちらでしょうか。Aだと思う人？　Bだと思う人？

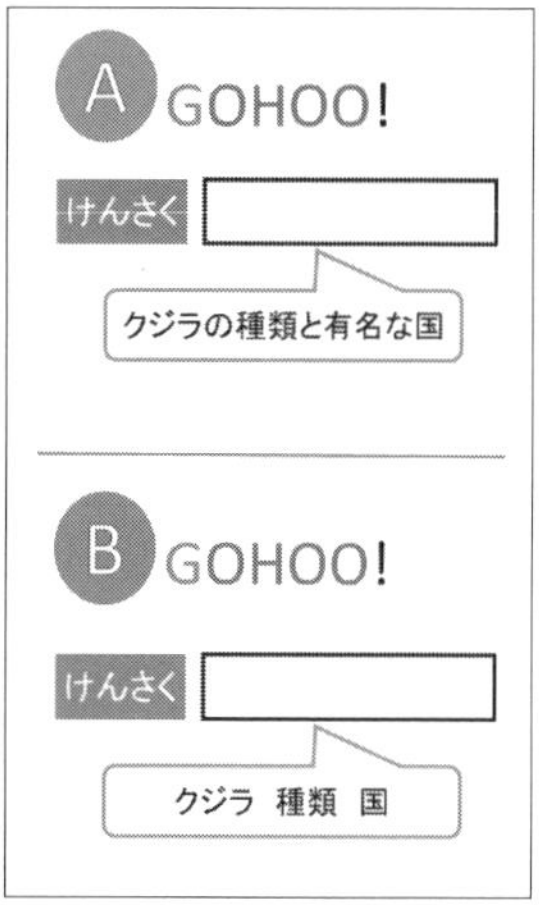

A　クジラの種類と有名な国
B　クジラ　種類　国

説明：正解はBです。Aは9万件です。
発問：Bは何万件だと思いますか。
指示：予想を近くの人に言ってみましょう。
発問：今五十万件と聞こえました。それより多いと思う人？　それより低いと思う人？

※正解はBで二百三十七万件もヒットする

児童の中には、検索のスペースの重要性に気づいていない子もいる。そうした子に「より多くの情報を検索できる」という観点で、インパクトを与えることができる。

②「音声で情報を集めるやり方」の授業

説明：先生、ある検索方法を用意してきました。
発問：知りたいですか。

と、何か新しいことを行うときは、少しじらして対応を行うと子供たちが食いつく。

指示：検索バーを開きます。探してごらんなさい。

子供たちは、すぐに「マイクマーク」を見つけることができるだろう。

発問：タイピングと音声検索。どちらの検索が速いでしょうか。
指示：試してみましょう。

ただ紹介するよりも熱中する。

「山小屋で三日間すごすなら」

【知識・技能】端末を使って楽しく分類する

カードに書く分類作業を端末に変える

▼竹岡正和

1 「対話の練習」を端末で楽しく

（1）端末を使って個人でアイデアを出す

光村三年上「山小屋で三日間すごすなら」では、児童が端末を使用して話し合うのに有効である。

> 山小屋で三日間過ごします。自然と触れ合うなら、どんな物を持っていきますか。
> ノートに「これは!」と思うものを五つ書きます。

書いた物に順位づけをする。

> 書いた物に順位をつけます。「これは絶対に持っていきたい」という物に①、次に持っていきたい物に②、というように⑤まで順位をつけます。

順位づけできたら、三位までの物をオクリンクのカードに書かせる。ただし、カード一枚につき一つの物である。子供は三枚のカードに持っていきたい物を書くことになる。

・これを「提出BOX」に送る。この時、送り先は「全員」ではなく、班のメンバーだけにする。こうすると、「MYボード」に班のメンバーが書いた「持っていきたいカード」が集まる。

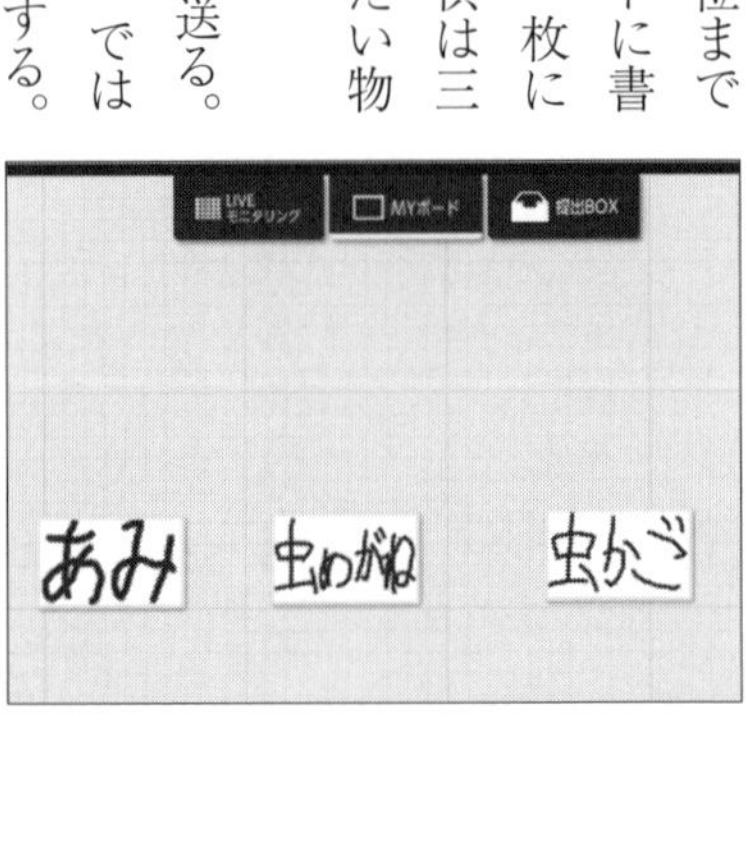
LIVEモニタリング
MYボード
提出BOX
あみ
虫めがね
虫かご

（2）個人で出された意見を分類する

「MYボード」に集まったカードを仲間分けする。

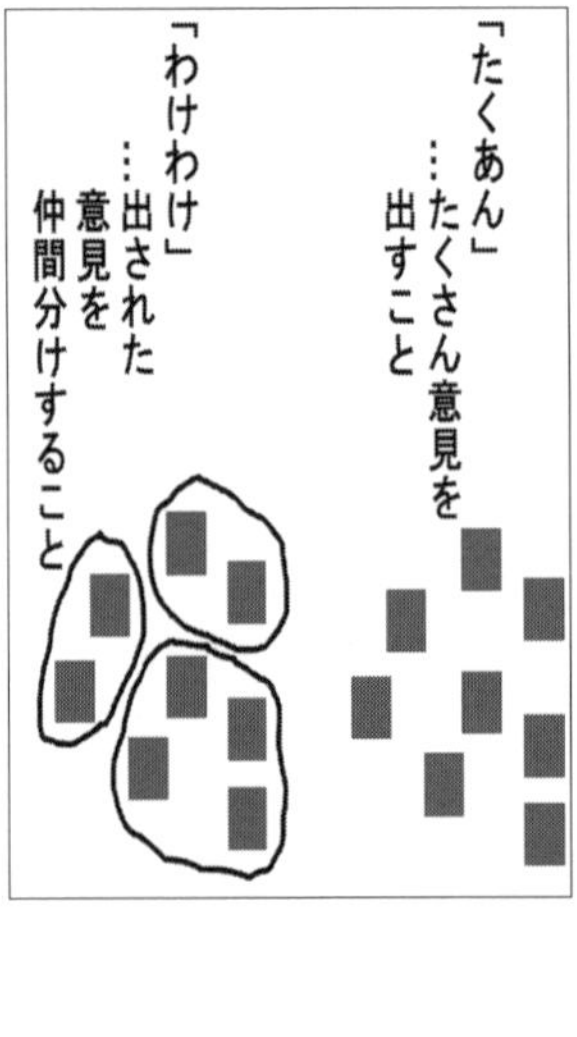
「たくあん」…たくさん意見を出すこと
「わけわけ」…出された意見を仲間分けすること

意見を分類する時に次のように伝えて、教室のルールにするのもよい。

班のメンバーの意見が集まりました。まずはこのようにたくさんの意見を出し合うことが大切です。これを「たくあん」と言います。
次にたくさんの意見を仲間分けします。全く同じ意見はもちろん、似ている意見、似ている考え方も同じグループにします。これを「わけわけ」と言います。

グループで意見交流させる前に、カードの先頭に自分の名前を書かせるとよい。こうすることで誰のカードか一目でわかる。ちょっとしたことだが、話し合いで「誰の意見か」わかりやすくなる。

このように個人で仲間分けをする。仲間分けの先頭に「仲間分けの題名」を短く書かせる。

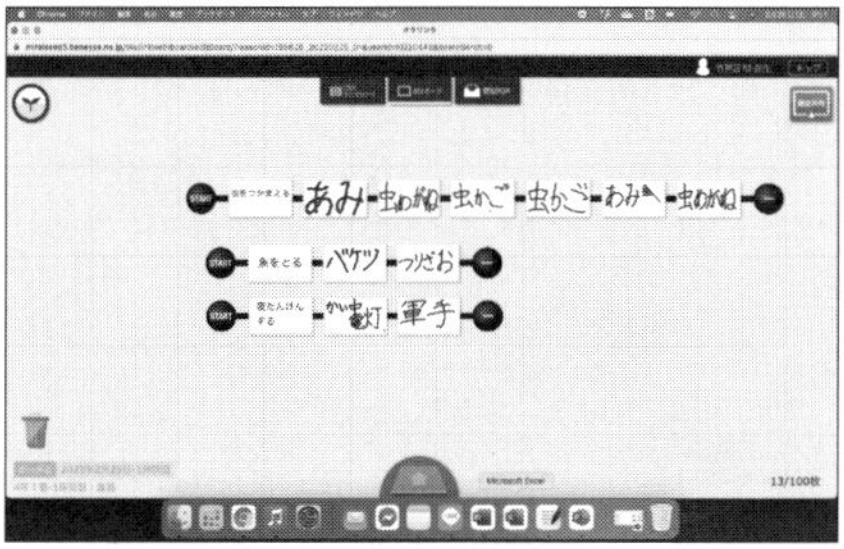

(3) グループで話し合う

個人での仲間分けの次は班で話し合う。自分で仲間分けした端末を突き合わせて意見交流するのである。自分と同じ分類、違う分類が出されるのでお互いに「なぜその仲間分けにしたのか」一人ずつ意見を言わせる。

2 「説明文の段落指導」を端末で楽しく

(1) 「はじめ」「中」「おわり」を端末で教える

光村三年上に「言葉で遊ぼう」がある。段落構成は「はじめ①」「中②③④」「おわり⑤」となっている。この説明文を「はじめ」「中」「おわり」と大きく三段落にしたものを三枚の画像で保存する。それをオクリンクで児童に送信する。

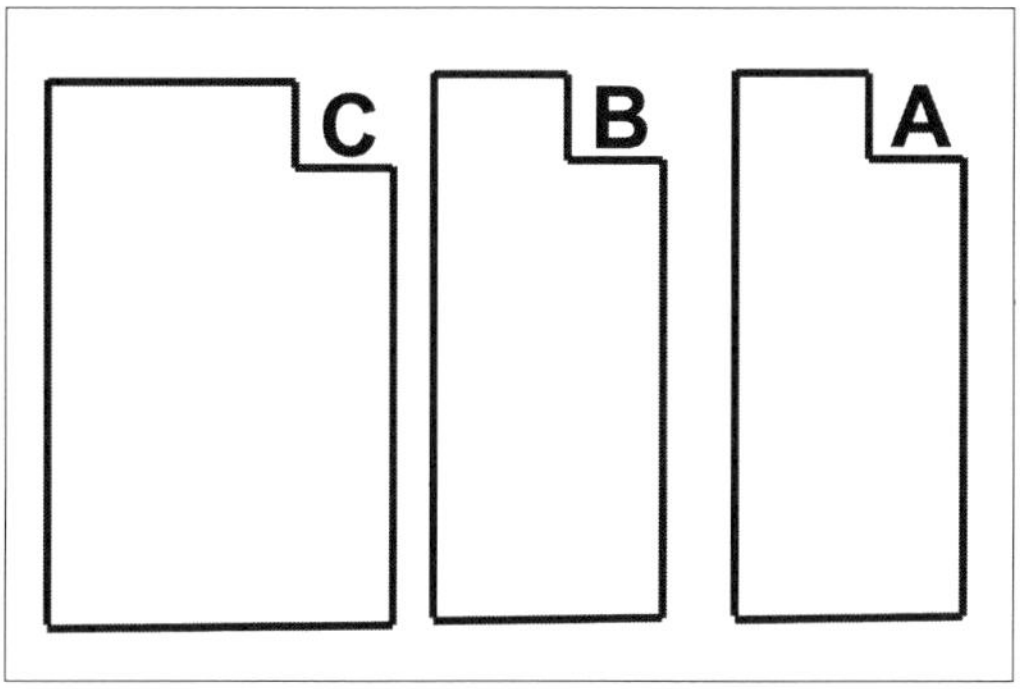

図は、三つの大きな段落をバラバラにしたイメージ画像である。

ＡＢＣの三つの段落はバラバラになっています。一つのお話になるように並べ替えてください。

個人で端末に送信された文章を読みながら並べ替える。次に、班でお互いに並べ替えた段落構成を見せ合う。

班で自分が並べ替えた文章を見せ合います。どの並べ方が正しいのか、自分の考えを伝えましょう。

最後は、教師が答え合わせをする。ここで説明文の構成を扱う。

説明文は大きく三つのまとまりからできています。はじめ・中・おわりです。ところで、どうして「はじめ」がその段落だとわかったのですか。
班で意見を出し合います。

子供から「はじめに質問している文があるから」「文の数が短いから」『みなさんは、』で始まっているから」など出される。同様に「中」「おわり」も扱う。

こうして段落構成を個人で並べ替え、班で相談しながら並べ替えることで三つのまとまりが理解できる。

【文章の組み立て】
「はじめ」…「問いかけ」がある
「中」　　…「問いかけ」にたいする
「答え」がある
「おわり」…全体のまとめがある
「このように」で始まることが多い

(2) 長文を「はじめ」「中」「おわり」に分ける

次に教科書の「こまを楽しむ」を扱う。これは長文なので端末ではなく教科書を使用する。前回の「言葉で遊ぼう」での学習を活かすことができる。

全部で八段落あります。教科書の一字あきのところに①から⑧まで番号を振ります。

ノートに①から⑧まで横に書かせる。

「はじめ」は、どこまででしょうか。番号と番号の間に線を引きます。

「線を引きましょう」と言われても最初は難しいので簡単に説明する。

例えば、「はじめ」が三段落までとするなら何番と何番の間に線を引けばよいのですか。そうです。③と④の間に線を引けば分けられますね。それでは、この文章の「はじめ」はどこまでですか。

線を引いたら、理由を発表させる。「文章が短いから」「質問している文があるから」など子供から出される。

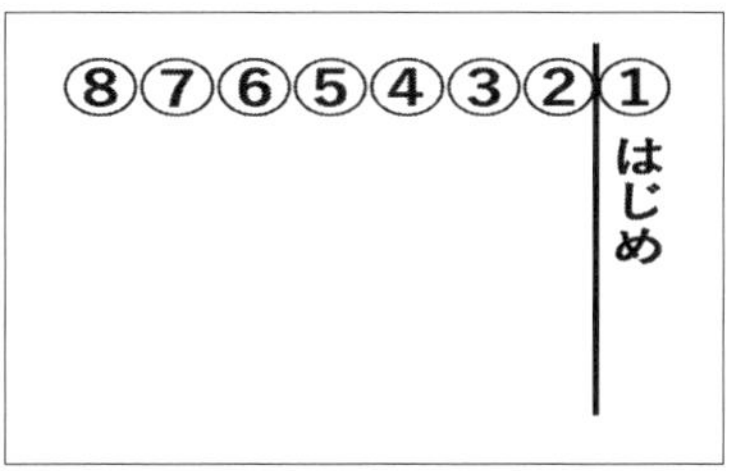

次は「おわり」が、どこから始まるか線を引かせる。「中」は長いので次に「おわり」を確定した方がよい。ここでも理由として「このようにがあるから」「短いから」などが出される。

説明文指導も最初の段落構成は端末を使って、バラバラになった段落を並べ替えさせる。この活動を通じて子供は「はじめ」「中」「おわり」を理解することができる。

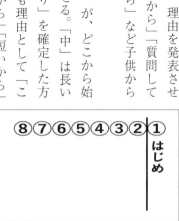

「こまを楽しむ」

【思考・判断・表現】

「図表等を文章にする力」を付ける説明文指導

文章と図表の関係を踏まえて内容を理解することは、極めて重要である

▼佐藤智彦

1 「非連続型テキスト」を授業しているか

(1) 物語文と説明文では、どちらが多い

「世の中にはたくさん文章があります。物語文と説明文に分けたとすると、どちらが多いと思いますか」

四年生に聞いても、すぐには答えられない。

「文章の九割。十個のうち九個は、説明文です」

「えぇ!」と子供たちは驚く。

テキストのタイプ、その偏りを問うたのである。

テキストには種類もある。「連続型テキスト」と「非連続型テキスト」の二種類だ。教科書の説明文にも、非連続型テキスト(図表等)は多い。

(2) 連続型と非連続型では、どちらが多い

連続型テキスト……文と段落から構成され、物語、解説、記述、議論・説得、指示、文章または記録など。
非連続型テキスト……データを視覚的に表現した図・グラフ、表・マトリクス、技術的な説明などの図、地図、書式など。(※1)

普段の国語の授業では、どちらのテキストを多く扱っているだろう。「連続型」の方が圧倒的に多いのではないだろうか。しかし、「文章と図表の関係を踏まえて内容を理解すること」は、極めて重要なのだ(※2)。

中学年教材において、「図表等を文章にする授業」を提案する。

2 図表等を文章にする授業(三年生)

光村図書　三年上巻　説明文『こまを楽しむ』

文章とともに、複数の写真が掲載されている説明文である。写真を文章で表現させたり、文章中の語句を用いて写真に名前を付けさせたりする授業を行う。

1　発問「問いの段落は何段落ですか。その段落に指を

置きなさい」（一段落）

2　発問「問いの文はどれですか。二つあります。それぞれ指を置きなさい」（五文目と六文目）

3　指示「ノートに、『どんなこまがあるか』『どんな楽しみ方ができるか』と書きなさい」（教師も板書して示す）

4　発問「最初に出てくるこまは、何というこまですか。お隣と相談しなさい」（色がわりごま）

5　発問「『色がわりごま』は、どんな楽しみ方ができるのですか。ノートに『□を楽しむ』という形で書きなさい」（回っているときの色を楽しむ）

6　発問「写真（写真省略）を見てごらんなさい。この表題は何ですか」（色がわりごま）

7　発問「『はやく回したとき』と『ゆっくり回したとき』とでは、こまの色はどうちがいますか。文章中の言葉をもとにして、お隣同士で説明しなさい」

8　何人かに指名して、写真を説明させる。

9　指示「文章中の言葉を使って、次の四角を埋めます。ノートに書いてごらんなさい」

回っているときの色を楽しむ「色がわりごま」は、

はやく回したときの色は□で、ゆっくり回したときの色は□だ。

それぞれ、「まざり合った色・元の色」、「元の色とちがう色・元の色」などと答えるだろう。

この後、「文章中の言葉を使わないで書いてごらんなさい」と指示してもよい。「むらさき色・赤と青」、「一色・二色」などと入れたら、力強く褒めたい。

四段落の「さか立ちごま」の写真（下段）では、文章中の語句を生かして、三つの写真に名前を付ける展開が考えられる。「どう回っているか、文章中の言葉を使って、七字以内で書きなさい」と文字数を限定し、思考させるとよい。

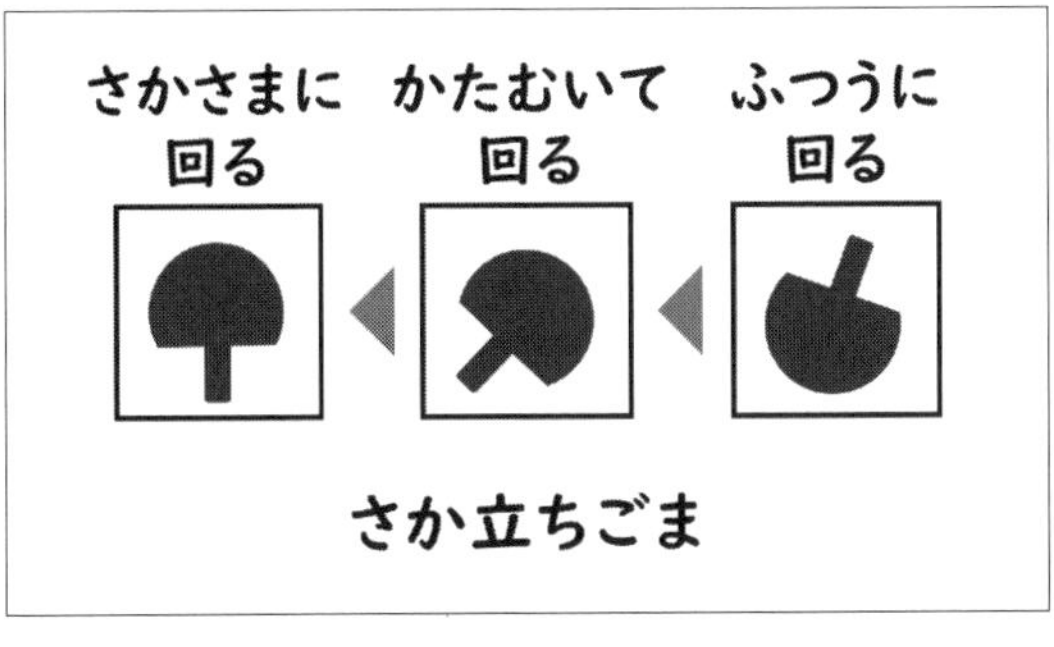
ふつうに回る
かたむいて回る
さかさまに回る
さか立ちごま

3 図表等を文章にする授業（四年生）

光村図書　四年下巻　説明文『ウナギのなぞを追って』

次の写真は、実際に授業した際の板書である。

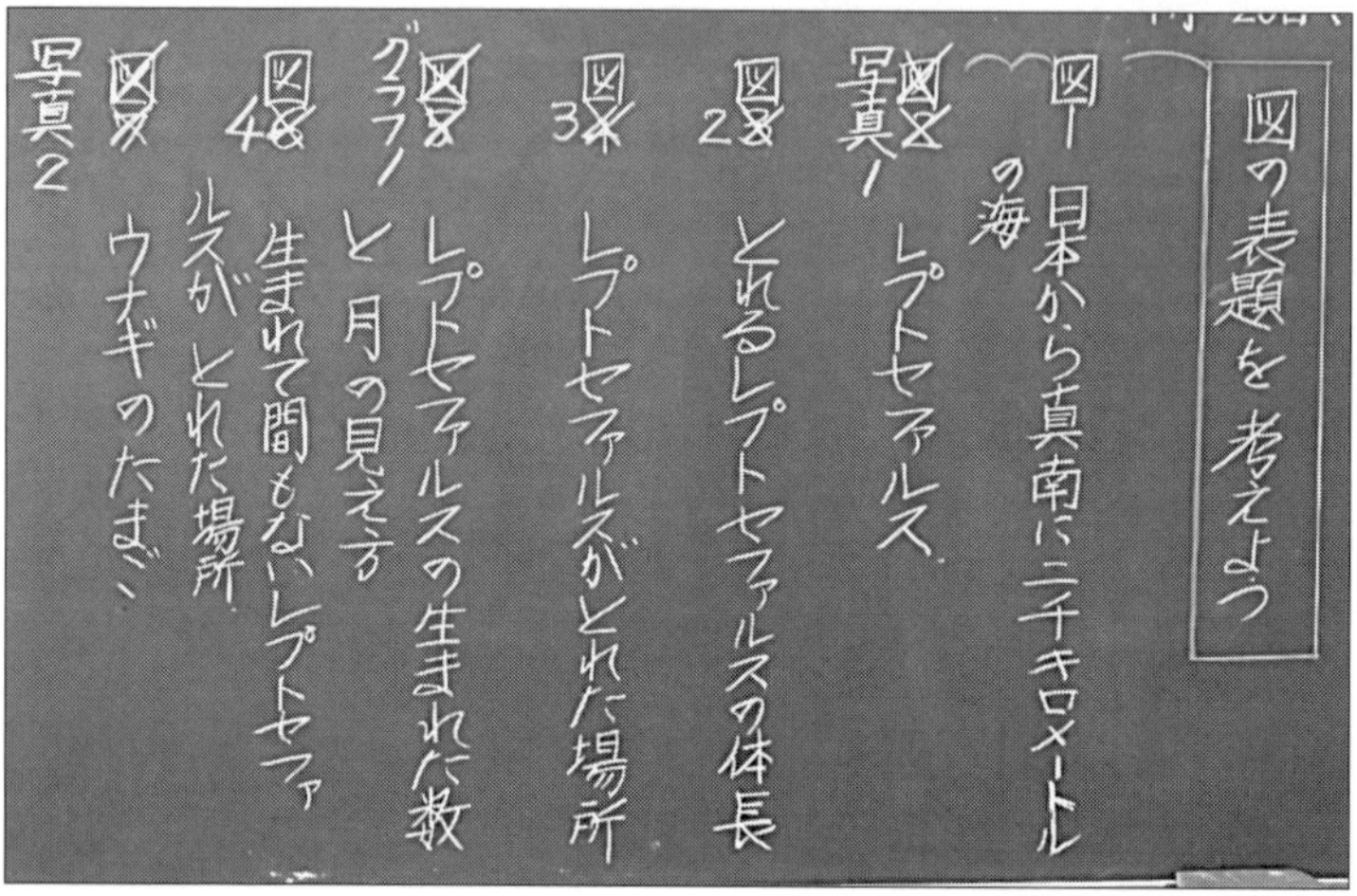

この説明文は、文章とともに、複数の図や写真、グラフが掲載されている。これらは「図」と表記されているだけで、なぜか表題（タイトル）がない。したがって、次のように表題を付ける授業を行った。

1　教材文を一〇回以上音読させる（すらすら読めるようになるまで、読解指導は行わない）。

2　「図1」から「図7」まで、表題があるか確認させる。すべて表題はない。

3　ノートに「図1」から「図7」まで書かせる。

4　発問「図1から図7まで、図ではないものが入っています。それはどれですか。近くの人と相談してごらんなさい」（図2、図5、図7）

5　教科書中の表記を直させる。「図2」は「写真1」、「図7」は「写真2」、「図5」は「グラフ1」となる。さらに「図3」を「図2」、「図4」を「図3」、「図6」を「図4」と直させる。

6　88ページの一段落二文目「日本から真南に二千キロメートル、周りに島一つ見えない海の真ん中です（図1）」を範読し、赤鉛筆でサイドラインを引かせる。

7　発問「図1に表題を付けるとしたら、この文の中の、どの言葉を使えばいいですか。近くの人と相談してごらんなさい」

8　何人かに意見を言わせる。「日本から真南に二千キロメートル」「周りに島一つ見えない海の真ん中」などという解が出るだろう。

9　図1の表題を『日本から真南に二千キロメートルの海』とノートに書かせる。

このように、

①「（図1）」などと文末に書かれてある一文に赤でサイドラインを引かせ、
②その一文の中のどの言葉を使って表題を付ければよいのか考えさせる。

という流れで、すべての表題を検討させるのである。

ただし、九段落の「グラフ1」を扱う場合のみ、方法を変えた方がよい。①の後、次のように指示する。

指示：「グラフの中の言葉『レプトセファルスが生まれた数』『日付』『月の見え方』。この中で、あまり重要ではないものを一つ選んで、指で指しなさい」

「日付」である。他の二つを合わせて表題とする。

「図4」と「写真2」は、①と②の流れで行う。かなり容易に表題が付けられるだろう。

4「非連続型テキスト」の授業（高学年）

以上の学習は、五年生の説明文『固有種が教えてくれること』における「文章を図表やグラフや写真と結び付けて読む学習」につながっていく。

「非連続型テキスト」は、全国学力調査でも毎年必ず出題されている。中学年のうちから「非連続型テキスト」を扱った授業を、ぜひ行っておきたい。

〈引用資料〉
※1　文部科学省ホームページより引用　https://www.mext.go.jp/a_menu/shotou/gakuryoku/siryo/1379669.htm
※2　国立教育政策研究所の資料より引用
https://www.nier.go.jp/kokusai/pisa/pdf/2018/01_point.pdf

「かがやき」

【知識・技能】四年生の授業展開例

詩・短歌・俳句は読むだけでなくICTで表現しよう

▼村上 諒

1 短歌・俳句は音読だけなのか

四年生になると、短歌・俳句が「言語」領域に入る。
教科書のめあては次のように書かれている。

声に出して楽しもう

つまり、声に出して読むことに重きを置いている。また、その活動を通して、語彙を増やしていく必要がある。せっかくならば、短歌・俳句も読んで終わりではなく、知識・技能が積み重なる形で授業をしていきたい。

四月〜三月間までの単元を見ていくと、季節の言葉を含めて、多くの詩や俳句や短歌が掲載されている。すべてを取り扱えるわけではないが、年間を通じて次の流れで指導をしていくとよいだろう。

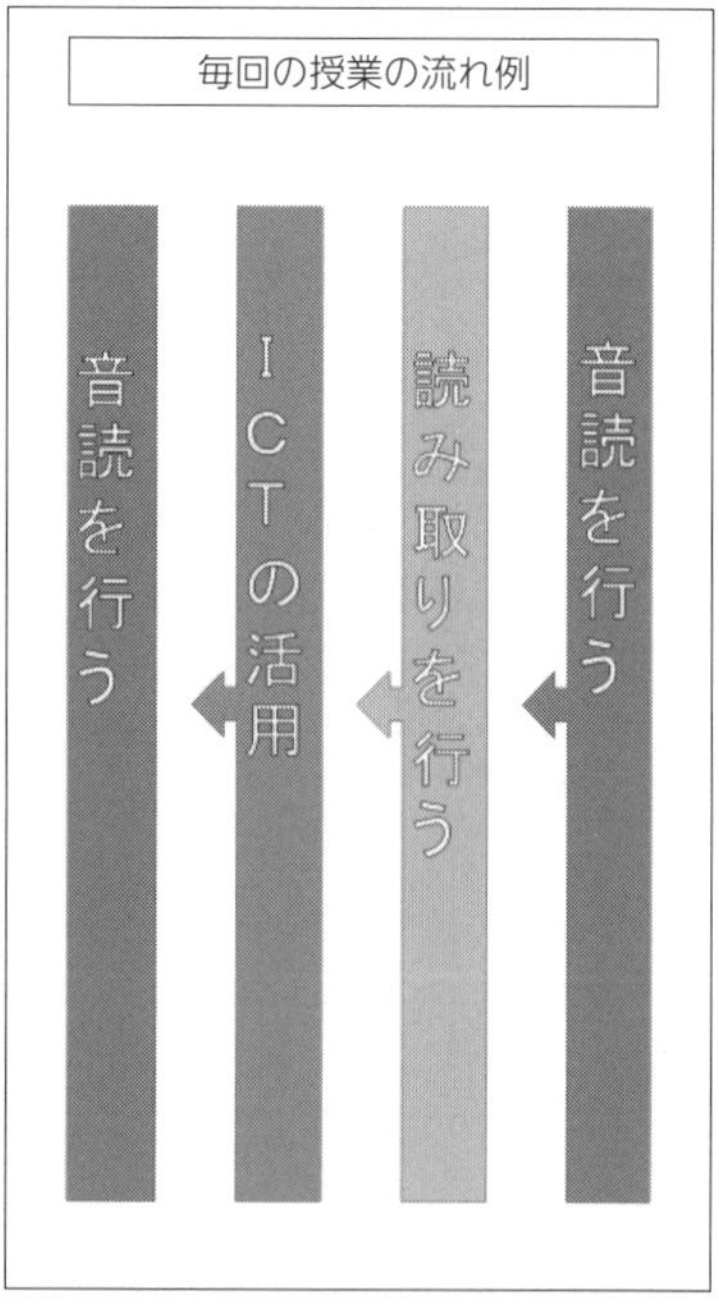
毎回の授業の流れ例
音読を行う
読み取りを行う
ICTの活用
音読を行う

2 短歌・俳句・詩の教科書の回数

関わる単元は四年生だけで多くある（光村図書）。

扉の詩　二回
詩を書く単元　一回
季節の言葉　四回
短歌・俳句の単元　二回

九回も出てくるということだ。

3 扉の詩の教科書授業展開例

扉の詩「かがやき」より

かがやき

　雲がかがやいている。
　林の上で。
　みんなのほおもかがやいている。
　湖のほとりで。
　あ、今、太陽が
　山をはなれた

指示：全員起立。自分なりの読み方で一回読んだら座ります。
発問：朝ですか、昼ですか。
指示：根拠となる言葉を探しましょう。

　ここまでが音読から読み取りのはじめのパーツである。四月のはじめの授業であるので、多様な音読のパーツを入れてもよい。このような指示も考えられる。

指示：あ、今、太陽が　だけ読みましょう

　すると、このような児童が出てくるだろう。

A　あ、今、太陽が
B　あ今太陽が
C　あ、今、太陽が！

　筆者はAが百点、Bが五十点、Cが百二十点と点数をつけるが、皆様はいかがだろうか（※こうした個別評定は、熱中させる手立てである。だが、子供との関係性ができていない四月に導入するのはリスクもあるので注意）。
　音読をさせた後、次のように指示をしたい。

指示：三人の読み方で一番好きな読み方で読んでみましょう。

　そして、音読を多様にさせた後に、一人一台端末を用いて、主題を問う（ＩＣＴ活用は後に記述する）。
　そして、最後は自分の解釈で音読をさせる。

指示：全員起立。自分なりの読み方で一回読んだら座ります。

4 きせつの言葉の教科書授業展開例

※別ページにて取り扱っているので、割愛する。

5 短歌・俳句の教科書授業展開例

短歌・俳句を楽しもう（一）編

はじめに、すべての俳句を扱えないことを理解いただきたい。例として、次の俳句を扱う（長谷川博之氏の実践より）。

□河を越すうれしさよ手に草履

最初の□を隠した状態で板書を行う。

発問：春夏秋冬のどの季節が入りますか。
指示：予想してノートに書いてみましょう。

おそらく、すべての季節が入るだろう。その後は原実践とは異なる流れになるが、四季それぞれだと河のイメージはどう変わるか問い、絵などで表させたい。

後の学年の単元で、俳句を書かせるところがある。それまでに、「俳句の言葉におけるイメージの違いを体感させる」のがねらいだ。また、俳句の読み取りの際には、次のような発問・指示もイメージを広げる一助となるだろう。きっと、熱中する。

発問：話者（語り手）はどこからみていますか。
発問：今は何時ですか（朝ですか。昼ですか）。
発問：話者は大人ですか、子供ですか。
発問：どこで区切れますか。
指示：絵に表してみましょう。

そして最後は、ICT（メンチメーター等）で主題（俳句が伝えたいこと）を書かせ、音読させたい。

6 詩を書く単元の教科書授業展開例

どの教科書単元でもある、詩を書く単元。児童からこのような質問が出る。

「詩を書くって何をすればよいのですか」

それは、詩が出る単元で、音読だけをしていることが原因である。楽しむだけでは、理解できないのだ。

例えば、次の教科書の詩を用いる。

月
雲の生んだ　たまご
こやま峰子

これをもとに次のテーマで書かせると、次のような詩ができた。

雷
雲の生んだ　おなら
まぐち　久子（仮名）

俺
親の生んだ　おとこ
田中　太郎（仮名）

児童の中には、いきなり詩を書かせても書けない子がいる。だからこそ、お手本が必要である。その後面白い展開にするためには、匿名でパソコンのフォームなどを用いる。回答結果を共有すると、「誰が書いたかわからない素敵な詩集」ができあがる。

7 ICTを教科書と紐づけする展開例

様々な方法で活用していけばよい。ただし、次のことが言えるだろう。

学習のまとめの段階で使用するとよい。

ということだ。よく使う三つのツールについてまとめておく。※すべて書籍で紹介されているものです。

【メンチメーター】
共通する言葉が大きくなる。主題の分布で使用したい。
【スプレッドシート】
主題を全員で共有し、全体像を一枚で確認できる。
【フォーム】
教師が編集したり、操作がしやすい。

「食べ物のひみつを教えます」

【思考・判断・表現】

三年「書く」単元の振り返り

年間を意識した振り返りチェックシートの作成

▼水本和希

「書く力」は、その単元だけではつかない。年間を通した指導が必要である。

したがって、振り返りチェックシートも、単元ごとにバラバラだと力がつかない。年間を通して意識することを明確にした上で、その単元でつけたい力を捉え、振り返らせたい。

1 三年生で育てる「書く」力⑪

書く活動には、五つのステップがある。

①題材の設定、情報の収集、内容の検討
②構成の検討
③考えの形成、記述
④推敲
⑤共有

①～⑤のそれぞれに、各学年での指導事項がある。以下、三年生における、十一の指導事項である。

①題材の設定、情報の収集、内容の検討
1）相手・目的を意識する
2）経験・想像から書く
3）集めた材料を比較・分類する

②構成の検討
1）内容の中心を明確にする
2）内容のまとまりで段落を作る
3）段落相互の関係を意識する（はじめ・中・終わり）

③考えの形成、記述
1）理由や事例を明確にして書く

④推敲
1）間違いを正す
2）相手や目的を意識する

⑤共有
1）感想や意見を伝える
2）自分の文章の良いところを見つける

（『学習指導要領』「2　第3学年の内容」「B書くこと」より）　**合計⑪項目**

この全てを一単元で指導することは不可能である。しかし、この全体像を踏まえることで、その単元でどの部分を指導するのかが明確になる。

①～⑤のどこで振り返らせるのか。本原稿は、「④推敲」の場面にしぼった。「推敲」にしぼることで、他の項目も自ずと振り返ることができるからだ。

2「推敲」における、二つの振り返り

「推敲」で振り返りをさせる際は、二つに分けるとわかりやすい。

(1)「その単元でつけたい力を捉える」ための振り返り
(2)「間違いを正す」ための振り返り

(2)では、次の三点について推敲できればよい。

「A：主語と述語の対応」
「B：表記の正しさ（長音、拗音、促音、發音、助詞など）」
「C：文末表現の正しさ（敬体と常体、断定 推量 疑問）」

あまりに細かく分けるとわかりづらいので、

「a：主語と述語が分かる文になっているか」
「b：間違ったひらがなが使われていないか」
「c：『～です・～ます』など、文末はそろっているか」くらいシンプルでよい。

(2)は、どの単元でも同じなので、毎回の振り返りシートに組み込む。

(1)では、その単元の指導事項に即して推敲する。観点は、単元によって異なる。光村の教科書では「たいせつ」というコーナーで示されている。

以下、「食べ物のひみつを教えます」（光村三年下）を例に、布石の指導とチェックシートを示す。

3「読む」学習から、布石の指導

「食べ物のひみつを教えます」は、「読む」「書く」の複合単元である。この単元では、「読む」指導の段階から、「書く」を見据えて指導する。指導するべきことを確認するために、「書く」題材に記された「たいせつ」というコーナーを見る。

「段落」「（具体）例」「絵や写真」といったキーワードが見えてくる。

したがって、説明文「すがたをかえる大豆」をもとに「読む」の学習をする際は、次のような指導（作業指示）を入れておく必要がある。

例〈「段落」を意識した指導〉
指示：形式段落が八つあります。番号を振ります。
指示：ノートに①～⑧の番号を書きましょう。
指示：「はじめ」「中」「おわり」の分かれ目で、スラッシュを入れましょう。
（数名の意見を黒板に書かせ、討論してもよい）

「（具体）例」なら本文に線を引かせる。「絵や写真」なら本文と線で結ばせる。こうした作業を、「読む」学習のうちに、布石として入れる計画をする。これが「書く」学習につながってくる。

4 振り返りチェックシートの作成

さて、「読む」学習を終え、「書く」学習に入る。

自分の好きな材料を決め、調べた内容をマインドマップなどで整理した後、(教科書の)例文から文の構成を学ぶ。そして、下書き→清書→読み合いへと進んでいく。指導の詳細は省くが、冒頭に示した書く活動の五つのステップに対応している。

次ページの「ふりかえりチェックシート」は、下書きが終わった後に、自分と友だちでチェックする。①が「間違いを正すための振り返り」であり、②が「その単元でつけたい力を捉えるための振り返り」となっている。①は年間を通して共通だ。②を編集すれば、どの単元でも使える振り返りチェックシートとなる。

5 振り返りチェックシート活用の視点

本書『国語教科書がわかる教え方』シリーズは、一～六年生まである。様々な振り返りチェックシートが提案されており、単元ごとにそのまま使えるようになっている。

使う際は、これらを「単元ごとのチェックシート」ではなく、「年間を通した意識」で活用し、子供の実態に合わせてアレンジしていただければ幸いである。

ふりかえりチェックシート

名前

○お手本

いろいろなすがたになる米

上田　はると

(空)米には、いろいろな食べ方のくふうがあります。

(空)まず、米をその形のままたいて食べるくふうがあります。米をといで、水につけてからたくと、ごはんになります。

(空)次に、むして食べるくふうがあります。もち米という米をむして、うつときねでつくと、もちになります。もちつきのきかいを使うこともあります。

(空)さらに、こなにして食べるくふうもあります。もち米をこなにしたものに、水を入れて練ります。それをゆでると、白玉になります。

(空)このように、米は、くふうされて、いろいろなすがたになって食べられるのです。


(空)→一マス空け（段落のはじまり）

①チェックできたら、丸をつけましょう。

まちがいチェック（いつもの）	自分	友だち
主語とじゅつ語が分かる文になっていますか。		
文中のひらがなに、まちがいはありませんか。		
「〜です」「〜ます」など文末はそろっていますか。		

②お手本をさんこうに、チェックできたら、丸をつけましょう。

【今回のポイントチェック】	自分	友だち
ないようのまとまりごとに、段落を分けていますか。		
つたえたいことに合ったれいが書かれていますか。		
れいをあげるじゅんじょや、絵や写真のしめし方はくふうされていますか。		

③自分の文しょうのよかったところを書きましょう。

「伝統工芸のよさを伝えよう」

【思考・判断・表現】四年「リーフレット作り」単元
推敲・共有の場面で使えるチェックシート

▼大川雅也

四年の学習から「新聞作り」「リーフレット作り」が登場する。どちらも同じ学習過程を辿る。

まず、「題材の決定」を行う。そして、「調査」する。調査したことをもとに「作文」する。次に、「推敲」を行う。その文章、その言葉で良いか見直し、必要に応じて修正する。そして、友達と「共有」する。自分の文章を友達が読み、友達の文章を自分が読み、感想を伝え合う。

このうち、後半の二つ、「推敲」と「共有」の学習活動にて「振り返りチェックシート」を活用すると、指導がしやすくなる。チェックシートを配るだけで、子供たちが自分で活動を進めることができるからである。

国語四年下「はばたき」（光村図書）に、「伝統工芸のよさを伝えよう」という教材がある。この教材を例に、「振り返りチェックシート」の活用方法を記す。

ただし、「振り返りチェックシート」を活用する「推敲」場面から記すと、指導の流れがわからない。よって、その前の「作文」場面の指導から記す。

1「作文」場面の指導

前掲の教科書53ページに、「学習の進め方」が載っている。1は、「題材の決定」であり、2は、「調査」である。ここでは割愛する。

3は、教科書に組み立ての例が載っている。また、4も、教科書に作文例が載っている。この組み立ての例と作文例をもとに、デジタル版の作文例（図2）と作文の下書きフォーマット（図3）を作成した。

図2、3はGoogleスライドというアプリを使用している。このアプリは、表の挿入を簡単に行うことができる。

また、表中をクリック

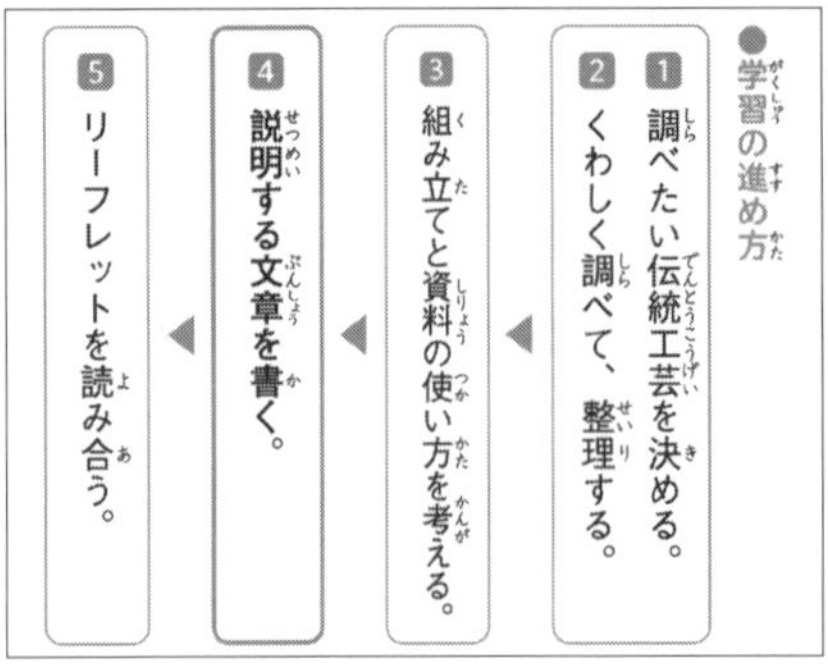
●学習《がくしゅう》の進《すす》め方《かた》
1 調《しら》べたい伝統工芸《でんとうこうげい》を決《き》める。
2 くわしく調《しら》べて、整理《せいり》する。
3 組《く》み立《た》てと資料《しりょう》の使《つか》い方《かた》を考《かんが》える。
4 説明《せつめい》する文章《ぶんしょう》を書《か》く。
5 リーフレットを読《よ》み合《あ》う。
図1

すると、文章を直接打ち込むことができる。

児童に、打ち込み方を実演した後、「見本（図2）を見ながら、自分の名前のスライド（図3）に打ち込みなさい」と指示する。

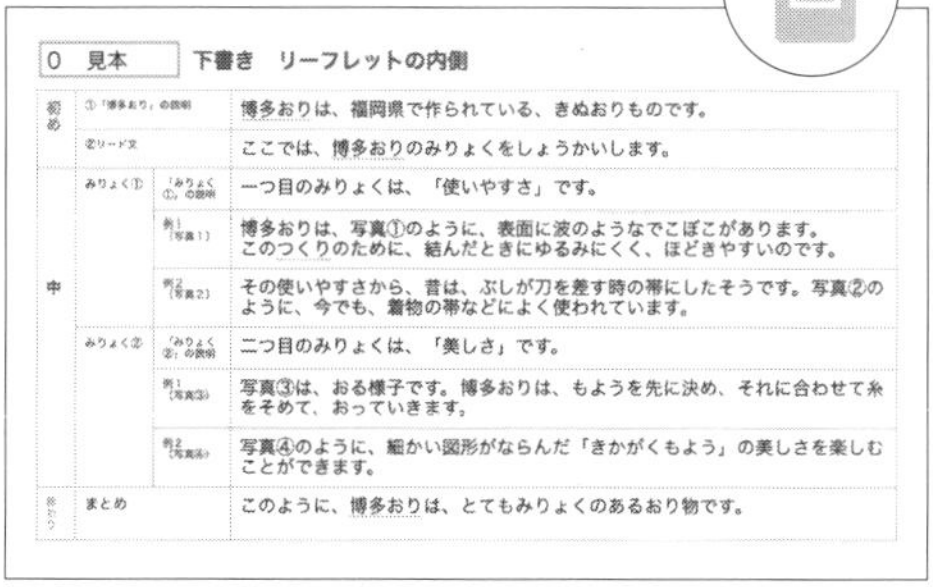

0　見本	下書き　リーフレットの内側		
初め	①「博多おり」の説明		博多おりは、福岡県で作られている、きぬおりものです。
	②リード文		ここでは、博多おりのみりょくをしょうかいします。
中	みりょく①	「みりょく①」の説明	一つ目のみりょくは、「使いやすさ」です。
		例1（写真1）	博多おりは、写真①のように、表面に波のようなでこぼこがあります。このつくりのために、結んだときにゆるみにくく、ほどきやすいのです。
		例2（写真2）	その使いやすさから、昔は、ぶしが刀を差す時の帯にしたそうです。写真②のように、今でも、着物の帯などによく使われています。
	みりょく②	「みりょく②」の説明	二つ目のみりょくは、「美しさ」です。
		例1（写真③）	写真③は、おる様子です。博多おりは、もようを先に決め、それに合わせて糸をそめて、おっていきます。
		例2（写真④）	写真④のように、細かい図形がならんだ「きかがくもよう」の美しさを楽しむことができます。
終わり	まとめ		このように、博多おりは、とてもみりょくのあるおり物です。

図2

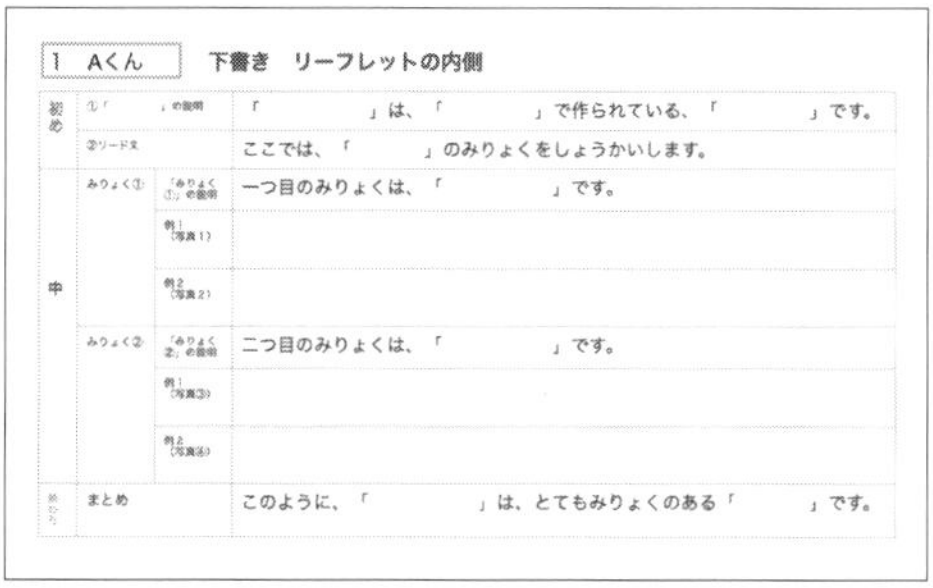

1　Aくん	下書き　リーフレットの内側		
初め	①「　　」の説明		「　　」は、「　　」で作られている、「　　」です。
	②リード文		ここでは、「　　」のみりょくをしょうかいします。
中	みりょく①	「みりょく①」の説明	一つ目のみりょくは、「　　」です。
		例1（写真1）	
		例2（写真2）	
	みりょく②	「みりょく②」の説明	二つ目のみりょくは、「　　」です。
		例1（写真③）	
		例2（写真④）	
終わり	まとめ		このように、「　　」は、とてもみりょくのある「　　」です。

図3

これだけで、児童はやることがわかり、作文を進めることができる。また、オンライン上でタイピングにて作文を行うと、次のよさがある。

①書き直しがしやすい。

②作業中に自動保存される。

③下書きの文章をコピーし、添付するだけで、本番の作文が完成する。

④「共有」機能を使うことで、リアルタイムに他の友達の作文を見て参考にすることができる。また、コメントを行うこともできる。

文章の組み立てが確定したら、次は、リーフレットに書き込む活動を行う。

まず、外側の表紙、裏表紙を作成する。同じGoogleスライド上にフォーマットを記すことができる（図4）。

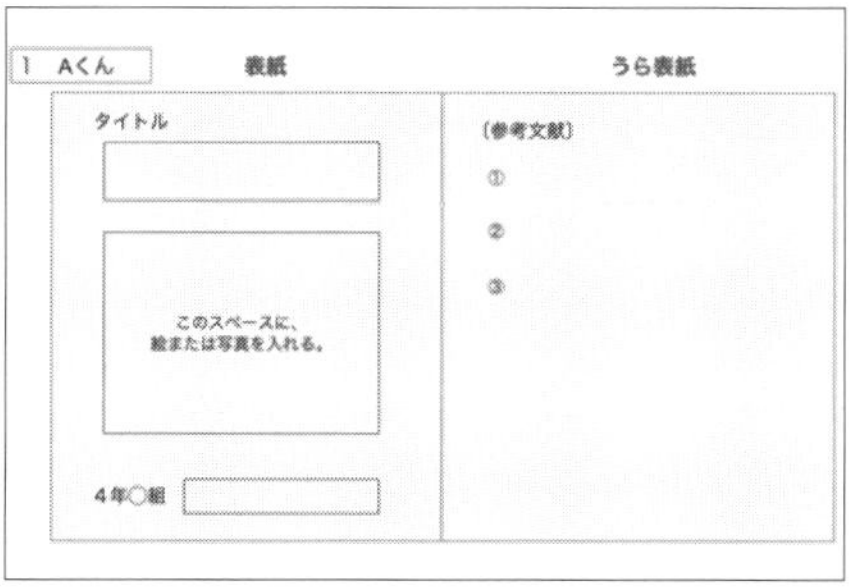

図4

次に、リーフレット内側（図5）を作成する。下書き（図3）の文章をコピーし、リーフレット内側（図5）に添付する。この時に、集めていた写真の中から適切なものを選び、挿入する。

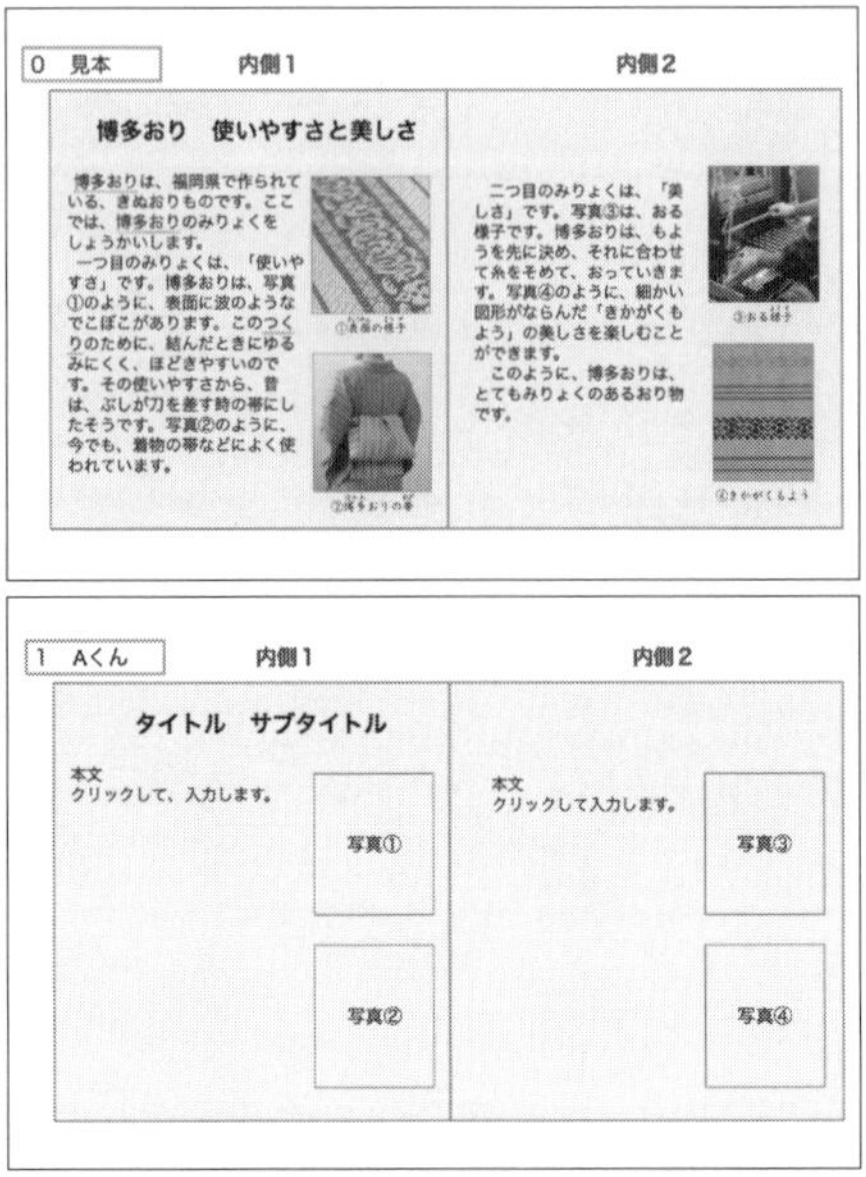

図5

❷「推敲」場面の指導

文章を読み直す。修正点があれば、修正する。

この推敲のポイントを五つにまとめた。

(1)「みりょく①」と「みりょく②」でページを分けていますか。

(2)段落構成が、次のようにわかりやすいものになっていますか。

第一段落（伝統工芸品の説明）
第二段落（みりょく①の説明と例示）
第三段落（みりょく②の説明と例示）
第四段落（まとめ）

(3)文章と写真が対応していますか。

(4)一文が短くすっきりしていますか。

(5)漢字など、文字のまちがいはありませんか。

❸「共有」場面の指導

「共有」場面では、良い感想を伝え合うことの指導を行う。感想は、文章の書き方よりも、文章の内容について伝え合う。書き方は、推敲で行っているからである。感想の視点は、次である。

文章を読んで、おどろいたこと、面白いと思ったこと、やってみたいなと思ったことを書きましょう。

「推敲」「共有」の太字部分が振り返りの項目となる。

なお、この感想の伝え合いは、デジタル上で行う（本書94ページ 田中修一氏論文に詳しい）。

振り返りチェックシート（ワードデータ）

リーフレット作り（Googleスライド）

ふりかえりチェックシート

名前（　　　　　　　　　　　）

「伝統工芸のよさを伝えよう」（リーフレット作り）の振り返り

【１】文章を自分で読み直そう

次のチェックポイントについて、確かめましょう。
確かめたら、◯をつけましょう。
※直すところに気づいたら、すぐに直しましょう。

(1)	「みりょく①」と「みりょく②」でページを分けていますか。	
(2)	段落構成が、次のように、わかりやすいものになっていますか。 第一段落（伝統工芸品の説明） 第二段落（みりょく①の説明と例示） 第三段落（みりょく②の説明と例示） 第四段落（まとめ）	
(3)	文章と写真が対応していますか。	
(4)	一文が短くすっきりしていますか。	
(5)	漢字など、文字のまちがいはありませんか。	

【２】友達の文章を読み、感想を伝えよう

文章を読んで、おどろいたこと、面白いと思ったこと、やってみたいなと思ったことを、Googleスライドのコメントに書きましょう。

あとがき

教科書は進化している。それに伴って、教師もまた、進化を求められている。

近年の教科書の大きな変化の一つは、

「学習」ページの充実

である。どのように授業を進めればいいのか。どのように単元を組み立てればいいのか。その手順が示されている。しかし、「学習」の手順通りに授業を進めると、受動的で、つまらない授業になることもある。そこで、「学習」が示す国語の「系統性」に基づきながら、より楽しく、熱中する授業をつくるヒントを追究したのが本書である。

教科によっては、教科書を出させなかったり、開かせなかったりする指導もある。だが、教科書は、その教科のプロが集まり、設計している知の集積である。教科書を上手に「活用」して、教え方を考えることは、教師に求められる進化の一つだろう。

本書の柱は、次の三つである。

1 「語彙力」を高める授業
2 「学習」ページを活用した授業
3 「ICT」を効果的に活用する授業

現行の学習指導要領（令和四年時点）や近年の教育のトレンドを踏まえて、各執筆者が、現場ですぐに活かせる指導法を具体的に記している。

研究授業や公開発表などで、自作の教材を作成したり、教科書を使わずに授業を進めたりすることがある。しかし、そうした「非日常」の場だけで、子供たちの国語力が高まることはない。「日常」の授業の蓄積によってこそ、国語力は高まっていく。

毎日の授業で、目の前にある教科書を使う際に、少しでも子供たちの国語力を高める授業がしたい。そんな想いを具現化するのが、本書であれば嬉しい。

本書は、TOSS最高顧問・向山洋一氏、TOSS代表・谷和樹氏をはじめ、先人の実践と最新の知見を提供してくださる先生方との学びや研究によって生まれた。教科書が変わり、教育の新しい方向性が変わっていくように、私もまた変化し、学び続ける教師でありたい。学びのご縁やつながりに感謝の意を込めて、あとがきの結びとしたい。

水本和希（神奈川県横浜市立高田小学校教諭）

◎執筆者一覧

水本和希　　神奈川県横浜市立公立小学校教諭
中川貴如　　島根県内行政機関　指導主事
竹岡正和　　埼玉県さいたま市立小学校教諭
加藤雅成　　東京都公立小学校教諭
佐藤智彦　　山形県山形市立蔵王第一小学校教諭
岩永将大　　長崎県大村市立公立小学校教諭
利田勇樹　　東京都港区立赤羽小学校教諭
中川聡一郎　愛知県公立小学校教諭
村上　諒　　神奈川県大和市立林間小学校教諭
大川雅也　　長野県公立小学校教諭
小宮山芳輝　東京都公立小学校教諭
橋村亮一　　北海道公立小学校教諭
山本東矢　　大阪府箕面市立豊川北小学校教諭
田中修一　　新潟県長岡市立宮本小学校教諭

［監修者紹介］
谷和樹（たに・かずき）

玉川大学教職大学院教授。TOSS 代表。日本教育技術学会会長。北海道札幌市生まれ。神戸大学教育学部初等教育学科卒業。兵庫県の加東市立東条西小、滝野東小、滝野南小、米田小にて22 年間勤務。その間、兵庫教育大学修士課程学校教育研究科にて教科領域教育を専攻し、修了。教育技術法則化運動に参加。TOSS の関西中央事務局を経て、現職。国語、社会科をはじめ各科目全般における生徒指導の手本として、教師の授業力育成に力を注いでいる。『子どもを社会科好きにする授業』『みるみる子どもが変化する「プロ教師が使いこなす指導技術」』（ともに学芸みらい社）など、著書多数。

長谷川博之（はせがわ・ひろゆき）

早稲田大学卒。早稲田大学教職大学院卒。TOSS副代表。NPO 法人埼玉教育技術研究所代表理事。日本教育技術学会理事、事務局長。JP 郵便教育推進委員。埼玉県公立中学校教諭。全国各地で開催されるセミナーや学会をはじめ、自治体や学校、保育園が開催する研修に招かれ、年間80 以上の講演や授業を行っている。自身の NPO でも多種多様な学習会を主催している。主な著書に『生徒に「私はできる！」と思わせる超・積極的指導法』『長谷川博之の「成功する生徒指導」の原則』『中学校を「荒れ」から立て直す』『中学の学級開き 黄金のスタートを切る３日間の準備ネタ』『中学生にジーンと響く道徳話 100 選』（以上、学芸みらい社）等がある。

［編者紹介］
田丸義明（たまる・よしあき）
神奈川県川崎市公立小学校教諭

水本和希（みずもと・かずき）
神奈川県横浜市立高田小学校教諭

学習者端末　活用事例付
国語教科書のわかる教え方　3・4年

2022年９月５日　初版発行

監修者　谷　和樹・長谷川博之
編　者　田丸義明・水本和希
発行者　小島直人
発行所　株式会社学芸みらい社
〒162-0833　東京都新宿区箪笥町31番　箪笥町SKビル3F
電話番号 03-5227-1266
https://www.gakugeimirai.jp/
E-mail : info@gakugeimirai.jp
印刷所・製本所　藤原印刷株式会社
企　画　樋口雅子／協力　阪井一仁
校　正　大場優子
装　丁　小沼孝至
本文組版　橋本　文

落丁・乱丁本は弊社宛お送りください。送料弊社負担でお取り替えいたします。

ISBN978-4-86757-008-1 C3037

学芸みらい社の**好評既刊**

日本全国の書店や、Amazon、学芸みらい社公式オンラインショップ等で
注文・購入できます

国語授業の大転換!? 乞う、伴走者。

ドキュメント！ オンライン国語授業

～見方・考え方・つくり方～

椿原正和 著

①「にこにこ5」「統率6」を通じてオンライン授業スキルを初めて定義！

②谷和樹・堀田龍也・椿原正和 3人がオンライン授業の「必須スキル」を語る！

③400学級・8000名を超える子どもとの授業の中で整理されたオンライン授業スキルを抽出！図読法を使った授業ドキュメントも掲載！

④オンライン授業だから参加できる子どもがいる。教師の必須スキル、確立！

オンラインでのご購入はこちら！▶▶

A5判並製144頁　定価：本体2,100円＋税

ISBN978-4-909783-88-2

国語教科書の読解力は「図読法」でつける

“作業”で物語の“構造”を読み取る指導法

椿原正和 著

①図読法は論理的思考力をつけるシンキングスキルの代表格。

②読解＋作業で、「どの子も」できる！オンライン授業にも打ってつけ！

③「図読法」を使った授業を大公開！ 教材やスライド、子どもの反応も掲載。教室で追試可能！

④「スイミー」「モチモチの木」「ごんぎつね」「大造じいさんとガン」など有名教材での授業記録を掲載！明日から実践できる！

オンラインでのご購入はこちら！▶▶

A5判並製152頁　定価：本体2,300円＋税

ISBN978-4-909783-92-9

『国語教科書×分析批評』（椿原正和 著）企画進行中！